「自尊心」を大切にした
高機能自閉症の理解と支援

別府　哲
小島道生　編

有斐閣選書

はじめに

　日本でも特別支援教育が制度としてスタートし，これまで以上に，通常学級に在籍する発達障害児の問題がクローズアップされている。発達障害の1つである高機能自閉症についても，さまざまな研修が組まれ，書籍も数多く出されるようになった。しかしそこでふれられる内容の大半は，障害特性をどう理解し指導するかについてである。それに対し本書は，障害特性の正確な理解を大切にしつつも，それが高機能自閉症児の自尊心を高めることにつながるように理解し支援する視点を重視した。なぜなら障害特性の理解と支援だけを過度に強調することは，高機能自閉症児の自尊心を高め人格発達を保障するという，教育本来の目的を損なってしまう場合があるからである。

　例えば，人の気持ちの理解が苦手で社会的場面で適切にふるまえない高機能自閉症児に，社会的スキルを教えることがある。これは本来，社会的場面で失敗を積み重ねやすい高機能自閉症児が，社会的スキルを学ぶことで成功経験をもち，それによって自尊心を高めることを目的としている。しかしそれを強調しすぎることは，高機能自閉症児に，「あなたのやり方はだめなんだ」というメッセージを伝え，自己否定感を強めてしまう場合もあるのである。障害特性の正確な理解を大切にしつつも，それが高機能自閉症児の自尊心を高めることにつながるように理解し支援する視点を大切にしたのはそのためである。本書はそのような問題意識で，高機能自閉症の障害，発達，自尊心を大切にした指導のあり方を，小学校・中学校・高等学校の各時期に応じて論じている。これは

類書にはない，本書の大きな特徴である。なお本書は第Ⅰ部で高機能自閉症の障害と発達についてふれ，第Ⅱ部で自尊心を大切にした支援のあり方を具体的に論ずる構成となっている。関心のある章から読んでいただいても十分理解できるようになっているので，興味をひいたところから読み進めていただきたい。

障害者権利条約が国連で採択された21世紀は，高機能自閉症児の教育・支援においても，彼・彼女らの教育を受け発達する権利の保障という方向がよりいっそう目指されると考えられる。自尊心は，その際の1つのキーワードとなるであろう。本書を手に取っていただいた方に，自分の実践や研究を考える際の何らかの示唆を得ていただければ幸いである。

2010年2月

別府　哲

執筆者紹介 （執筆順，＊は編者）

＊別府　哲（べっぷ　さとし）〔執筆担当：第7,8,9章，第11章（共著）〕
　現職　岐阜大学教育学部教授
　主著　『自閉症児者の発達と生活——共感的自己肯定感を育むために』
　　　　（単著，全国障害者問題研究会出版部，2009年）
　　　　『自閉症幼児の他者理解』（単著，ナカニシヤ出版，2001年）
　　　　『障害児の内面世界をさぐる』（単著，全国障害者問題研究会出版部，1997年）

＊小島　道生（こじま　みちお）　〔執筆担当：第5,6章／Cloumn ③〕
　現職　岐阜大学教育学部准教授
　主著　『発達障害研究から考える通常学級の授業づくり——心理学，脳科学の視点による新しい教育実践』（共編，金子書房，2010年）
　　　　『発達障害の子がいるクラスの授業，学級経営の工夫——「私はこうした！こう考える！」子どもの「やる気」と「自信」へつなげるコツ』（共編，明治図書出版，2008年）
　　　　『発達障害のある子どもの自己を育てる——内面世界の成長を支える教育・支援』（共編，ナカニシヤ出版，2007年）

赤木　和重（あかぎ　かずしげ）　　〔執筆担当：第1,3章〕
　現職　三重大学教育学部准教授
　主著　『見方が変われば願いが見える——保育・障害者作業所の実践を拓く』（共編，クリエイツかもがわ，2009年）
　　　　『ホントのねがいをつかむ——自閉症児を育む教育実践』（共著，全国障害者問題研究会出版部，2009年）

菊池　哲平（きくち　てっぺい）　　〔執筆担当：第2,4章〕
　現職　熊本大学教育学部准教授
　主著　『自閉症児における自己と他者，そして情動——対人関係性の視点から探る』（単著，ナカニシヤ出版，2009年）
　　　　『発達障害のある子どもの自己を育てる——内面世界の成長を支える教育・支援』（分担執筆，ナカニシヤ出版，2007年）

南波　聡（なんば　さとし）　　〔執筆担当：第 10 章／Cloumn ④〕
　現職　長崎県立長崎鶴洋高等学校教諭（教務主任，学校心理士，特別支援教育士）
　主著　「いのちに対する丁寧さを育てる交流学習体系の研究」（共著）（『道徳教育方法研究』12, 59-68, 2006 年）

岡田　宏子（おかだ　ひろこ）　　〔執筆担当：第 11 章（共著）〕
　現職　岐阜大学教育学部附属中学校非常勤講師／NPO 法人アスペ・エルデの会アンバサダー
　主著　「保護者の立場から」（『児童心理』〔臨時増刊「通常学級で使える特別支援教育実践のコツ」〕906, 147-150, 2009 年）
　　　　「発達障害児の保護者による保護者支援の可能性——『アンバサダー』が行う『はじめの一歩だよ』を使った『お話し会』の取組み」（共同発表）（『日本特殊教育学会第 47 回大会発表論文集』221, 2009 年）

田中　真理（たなか　まり）　　〔執筆担当：第 12 章〕
　現職　東北大学大学院教育学研究科准教授
　主著　『関係のなかで開かれる知的障害児・者の内的世界』（単著，ナカニシヤ出版，2003 年）
　　　　『発達障害のある子どもの自己を育てる——内面世界の成長を支える教育・支援』（分担執筆，ナカニシヤ出版，2007 年）

宇野　宏幸（うの　ひろゆき）　　〔執筆担当：Cloumn ①, ②〕
　現職　兵庫教育大学大学院学校教育研究科教授
　主著　『発達障害研究から考える通常学級の授業づくり——心理学，脳科学の視点による新しい教育実践』（共編，金子書房，2010 年）

片岡　美華（かたおか　みか）　　〔執筆担当：Cloumn ⑤, ⑥〕
　現職　鹿児島大学教育学部准教授
　主著　『特別支援教育の基礎と動向——新しい障害児教育のかたち』（分担執筆，培風館，2007 年）
　　　　『オーストラリアにおける「学習困難」への教育的アプローチ』（共著，文理閣，2006 年）

● も く じ

はじめに i

第 I 部
高機能自閉症の理解と支援

第1章 高機能自閉症の基礎理解
まずは知ることから　3

1 高機能自閉症
　——独特なコミュニケーションをとる子どもたち …… 4

2 自閉症／高機能自閉症の研究の歴史 ………………… 5

　自閉症の「発見」(5)　高機能自閉症の歴史的経緯 (6)

3 自閉症の診断基準 …………………………………… 7

4 高機能自閉症とは …………………………………… 10

　高機能自閉症の診断基準と行動特徴 (10)　高機能自閉症とアスペルガー症候群 (12)　自閉症／高機能自閉症をとらえる2通りの視点 (14)　高機能自閉症と他の発達障害との重なり (17)

5 自閉症の原因 ………………………………………… 19

6 自閉症の有病率と男女比 …………………………… 20

　最後に (21)

第2章　発達の経過

発達の流れをみる

1 乳幼児期の特徴──初期予兆と保護者の気づき ……… 26

「なんとなく気になる子」(26)　乳児期における自閉症の初期予兆 (29)　共同注意──乳児期の自閉症の早期スクリーニング (30)　幼児期における自閉症の特徴 (33)　集団のなかでの様子 (35)

2 学童期における特徴──学校での様子 ……………… 36

学校現場における高機能自閉症児の実情 (36)　学校生活における高機能自閉症の問題 (39)　障害の自己理解とカミングアウト (40)　周囲の無理解から生じる二次障害 (41)

3 思春期における特徴──「自尊心」の大きな転換点

………………… 43

二次障害からくる問題 (43)　発達障害と青少年犯罪の関連 (44)　異性への関心の芽生え (45)

4 青年期・成人期における特徴──社会のなかで生きる

………………… 47

大学・専門学校への進学 (48)　就職や職場での人間関係の形成 (49)

第3章　認知の発達と内面世界

1 心の理論──自分の心・他者の心を知る ………… 54

「心の理論」とは (54)　「心の理論」の発達と障害 (57)　「心の理論」からみえてくる高機能自閉

症児の姿（59）　「心の理論」研究への批判（60）

2　高次の「心の理論」——複雑な他者の心を理解する
　　　　　　　　　　　　　　　　　　　　　　　　62

3　実行機能——物事を順序だてて進める　……… 63

　　「心の理論」の批判と実行機能（63）　実行機能からみえてくる高機能自閉症児の姿（66）

4　全体的統合——木を見ずに森を見る　……… 67

　　弱い全体的統合仮説からみえてくる高機能自閉症児の姿（68）

5　エナクティブ・マインド——無意識の認知　……… 70

　　「心の理論」への批判と無意識への注目（70）　無意識の認知（70）　無意識の認知からみえてくる高機能自閉症児の姿（72）

6　高機能自閉症児における感覚　……… 73

　　感覚の特徴からみえてくる高機能自閉症者の姿（75）

7　最　後　に　……… 76

Column ①　高機能自閉症と脳科学　……… 79

第4章　コミュニケーション発達と内面世界
81

1　感情理解の発達
　　　——基礎的コミュニケーション能力の障害　……… 82

　　自閉症児における表情理解の困難（82）　なぜ自閉症児は表情理解が困難なのか（83）　代償的な方略の存在（85）

もくじ　vii

2 システム化能力と共感能力──極端男性脳仮説 ……… 87

   システム化能力と共感能力（87） 男性型脳と女性型脳──タイプ別にみる違い（88） 自閉症──極端なSタイプ（89）

 3 自他理解の発達的起源と高機能自閉症 …………………… 91

   自己理解の発達──関係性のなかで紡がれる自己（92） 自己の起源──自己意識的情動と自己鏡映像認知（94） 自閉症における自己鏡映像の認知と自己意識的情動（95） 自閉症における自己の発達支援（97） 自尊心を大切にした支援（99）

 Column ② 高機能自閉症と情動学習 ……………………… 101

第Ⅱ部
自尊心を大切にした支援の実際

第5章　自尊心と高機能自閉症
自尊心の基礎理解から支援へ

 1 自尊心とは ……………………………………………… 106

   自尊心の定義（106） 子どもによって異なる自尊心（108） 自尊心に影響を与える要因（109）

 2 自尊心の測定 …………………………………………… 111

   測定と教育効果（111） 測定における配慮（112）

 3 自尊心と発達 …………………………………………… 113

4 **自尊心を大切にした支援とは** ･････････････････････ 114

　保護者への調査より（114）　自尊心と障害告知
（116）

第6章　学校現場での支援の基本的な進め方
119
　　　　　　　　　　　障害の気づきからアセスメントへ

1 **学校現場での障害の気づきから支援まで** ･･････････ 120

　学校現場での気づき（120）　高機能自閉症へのア
セスメント（121）　学校現場での支援の進め方
（122）

2 **具体的な学校での支援の手だて** ･････････････････ 124

　情報の伝え方の工夫（124）　不器用さに配慮
（126）　スケジュールの提示（127）　教室環境の
工夫（127）　教科学習での支援（127）

3 **自尊心を大切にした学校での支援の留意点** ････････ 128

　「安心感」を与える支援（128）　努力を認め，ほ
める（129）

第7章　学級集団での育ちと自尊心
131

1 **個別指導と，学級集団づくりのなかでの指導** ･･･････ 132

　高機能自閉症児者に自尊心を育む意味（132）
子ども自身がほめられるに値すると感じる生活を
つくる（133）　集団指導は必要悪？（133）　集団
指導の必要性——自尊心と仲間関係（135）　個別
指導と集団指導の相乗の効果（136）　競争的自己
肯定感と共感的自己肯定感（137）　不安と表裏一

体の競争的自己肯定感（138）　共感的自己肯定感を育む（140）

2　学級集団づくりと高機能自閉症児の育ち　……………　141

高機能自閉症児の支援と学級集団支援の関係（141）　同化・排除の集団でなく，異質・共同の集団を（143）

3　心理専門職としてのコンサルテーション　……………　148

教師としての自己効力感を高める方向でのコンサルテーション（150）　教師の専門性が発揮しやすい場面をつくる——巡回相談（150）　学校組織に対するコンサルテーション（152）

Column ③　ユニバーサルデザイン　……………………………　154

第8章　小学校低・中学年での支援の実際

155

9, 10歳の節以前

1　9, 10歳の節を考慮した支援　……………………………　156

9, 10歳の「壁」ではなく「節」（156）　9, 10歳の節と集団づくり（157）　高機能自閉症児と9, 10歳の節（158）

2　小学校低・中学年での支援の実際——9, 10歳の節以前

……………………　159

大人がかかわり方のモデルを示す（159）　「異質」な行動の意味と思いを代弁する（161）　本人の好きな世界での出番をつくる（162）　仲間とのトラブルになりそうなことを前もって回避する（164）

第9章 小学校高学年・中学校での支援の実際

169

9, 10歳の節以後

1 ギャンググループの形成
── いじめと学級集団づくり 170

誰もが居場所を感じられる学級集団づくり (170)
大人が高機能自閉症児の思いを理解すること (172) 「直接的」支援ではなく「間接的」支援を (173) 自分をみつめ直す力（自己認識）を育てる (174) 「困ったら相談すればいい」──相談できる力を育てる (174)

2 小学校高学年の実践を通して 175

高機能自閉症で小学5年生の大地君 (175) 実践を始めるにあたって (177) 具体的はたらきかけ (180) その後の学級集団の展開──対等にからめる同等な仲間の誕生 (185) 「異質・共同」の集団づくりのために (187)

第10章 高等学校での支援の実際

191

1 特別な支援を要する生徒たちの実態
── 「高機能自閉症のある生徒」を中心に 192

2 高機能自閉症のある生徒への支援 193

高等学校での特別支援教育の取り組み (193) 高機能自閉症のある生徒への支援とは (196) 生徒の自尊心への配慮 (205) 自尊心を大切にした支援のポイント (213)

Column ④ 高機能自閉症のある生徒の高等学校卒業後の姿から 216

Column ⑤　発達障害学生支援——海外の先進的取り組み
.... 217

第11章　家庭での支援の実際

1　家庭での子どもの自尊心を大切にした支援　……… 220

2　家庭での支援の意味——ライフサイクルを通して生活(life)のなかで支援する………… 221

「生活」のなかで支援する——無理をさせないで，できることをみつける（221）　人を含む世界に対する安心感を保障——特に，9, 10歳の節以前（222）　働くことを見通した支援——特に，9, 10歳の節以後（225）

3　家庭「を」支援する　…………………… 231

家族の対応を整理する——ペアレントトレーニング（231）　評価をせずに，家族の思いを共感的に聴き取る（233）

Column ⑥　発達障害者支援法 ……………… 236

第12章　心理臨床現場での支援の実際

自己理解と他者理解

1　障害の告知をめぐる支援　………………… 238

自尊心が壊れることへの不安（238）　自己への問い（239）　障害告知は支援につながるのか（241）　告知にあたっての前提条件（243）　特性と診断名の告知（247）　告知を支援につなげる（248）

2　自己理解の深まりからの支援　…………… 251

自己理解の特性 (251)　自尊心と自己理解・他者理解 (253)　自己・他者理解支援のための２段階 (254)　集団心理臨床における支援Ａ活動例 (255)　集団心理臨床における支援Ｂ活動例 (258)

事項索引 262
人名索引 268

第 I 部

高機能自閉症の理解と支援

● 第Ⅰ部の Introduction ●

　発達障害のある人への支援を行う際に，データなど根拠にもとづく支援の必要性が叫ばれている。こうした根拠ある効果的な支援を行うためには，まずはそれぞれの障害の特性や発達の様相について理解することは不可欠であろう。

　第Ⅰ部では，高機能自閉症の基礎的な理解や発達の様相に加えて，支援を考える際に欠かせない，認知とコミュニケーションの領域について，最新の知見を交えながら，わかりやすく解説している。もちろん，障害の特性ばかりが強調され，その人をトータルにみつめる視点を忘れてはならないが，第Ⅰ部を一通り読めば，高機能自閉症について幅広く理解ができるとともに，支援の手がかりが得られるであろう。高機能自閉症について学ぼうとする読者には，ぜひとも第Ⅰ部を読んでほしい。

第1章

高機能自閉症の基礎理解

まずは知ることから

特別支援教育の制度化に伴い，**高機能自閉症**と呼ばれる障害が，広く知られるようになった。しかし，高機能自閉症の存在が，教員や保育者に知られるようになって日が浅いこともあって，この障害の基礎的な知識が正確に理解されていないことも多い。そこで，第1章では，高機能自閉症についての基礎的な知識を概説し，理解を深めたい。

高機能自閉症
独特なコミュニケーションをとる子どもたち

事例1-1　独特なコミュニケーションをとるトモユキ君

　私が，巡回相談員として小学校1年生の教室にお邪魔した時のことだ。突然，見知らぬおじさんが教室にやってきて驚いていた子どもたちも，慣れてくると，私にいろいろとしゃべりかけるようになり，みんなで盛り上がっていた。その時，トモユキ君という子どもが，私のところにやってきた。突然，「いかのおすし食べたことある？」と話しかけてきたのである。それまでとは，まったく文脈の異なる話だったので，私はとまどってしまう。続けて，「知らない人にはついていかない」とトモユキ君が話し始める。あまりにも突然だったので，私はことばを返すことができず，トモユキ君は私から離れていった。後に，この時の様子を，担任の先生に話すと，先生はクスクスと笑った。なぜなら，「いかのおすし」とは食べ物のことではなく，不審者対策で学校に掲示されていたポスターの標語だったからだ。先生によれば，トモユキ君は，私を不審者だと考えていたのではないかというのだ（赤木・佐藤, 2009）。

トモユキ君は,高機能自閉症と診断されている子どもである。実際,このエピソードには,高機能自閉症の特徴が色濃く出ている。例えば,自分の言いたいことを突然,場の流れをふまえずに主張する点,私がとまどっていることに気づかずにさらに発言を続ける点,会話が続かないとコミュニケーションを切ってしまう点,などである。

トモユキ君が診断を受けている高機能自閉症とは,どのような障害なのだろうか。ここでは,高機能自閉症を理解するための基礎的な知識について説明する。ただ,高機能自閉症を理解するためには,その前提として自閉症一般についても知っておく必要がある。そこで,自閉症一般の知見にもふれながら,高機能自閉症の基礎知識について概説する。

2 自閉症／高機能自閉症の研究の歴史

◆ 自閉症の「発見」

自閉症という障害は,かなり前から存在していたと考えられている。現在,詳細な記録が残っているのは,18世紀前半における「ヒュー・ブレア」という人物についてである。財産争いをめぐる詳細な裁判記録から,彼が自閉症であっただろうという判断がなされている(Houston & Frith, 2000)。しかし,あくまで現在の診断基準からみての回顧的な判断であり,当時,自閉症という認識がなされていたわけではない。

自閉症がはじめて報告されたのは,1943年,アメリカに住む

精神科医カナー（L. Kanner）による。カナーは，彼のクリニックに来ていた子どもたちの一部に特徴的なある行動がみられることに気づいた。そこで，彼は11人の子どもに共通するある特徴を見出し，その特徴をもって，「早期乳児自閉症」と名づけた（Kanner, 1943）。この論文には，他者との情緒的な交流の難しさや，反復的なこだわりなど共通する行動特徴が記述されていた。こうして現在の自閉症が「発見」されることになり，また自閉症の診断基準の原型が生まれたのである。

◆ 高機能自閉症の歴史的経緯

カナーが，自閉症を「発見」した翌年の1944年，オーストリアの小児科医アスペルガー（H. Asperger）が，自閉性精神病質として，カナーが報告した症状と同じような特徴をもつ6歳から11歳の子ども4人の症例を報告した（Asperger, 1944）。アスペルガーは，カナーとは異なり，特に知的に高い自閉症の子どもたちの姿を報告した。例えば，文法は正しく使えても，独り言のような話し方であったり，鉄道の時刻表など特定の事物への著しいこだわりなどを指摘し，能力的には平均的・もしくは良好であると報告していた。

しかし，知的発達が高い子どもでも自閉的な症状を示すというアスペルガーの報告は，ドイツ語で書かれていたこともあり，大きな影響力をもたなかった。結果として，本書で取り上げるような高機能自閉症の存在は，あまり注目されることのない時代が続いた。

このような状況は，1981年のイギリスの医師ウイング（L. Wing）の報告により変化した。ウイングは，自閉症の基準を部

分的に満たす児童が,自閉症の数倍存在することを指摘した。そのなかでも言語障害の軽い子どもが,アスペルガーの報告した子どもと似ていると考え,彼らの障害をアスペルガー症候群として報告した(Wing, 1981)。この報告により,アスペルガー症候群や高機能自閉症が注目されることになり,1994年に改訂されたDSM-Ⅳ(アメリカ精神医学会の定めた精神障害の診断マニュアル)の診断基準においても,**広汎性発達障害**(pervasive developmental disorders)のカテゴリーの1つに加えられることになった。日本では,世界の情勢からは少し遅れる形で,1990年代以降に本格的に注目されるようになった。

3 自閉症の診断基準

　自閉症は,ダウン症のようにある特定の医学的検査で明確に診断をつけることはできない。そのため,極端にいえば,外から見える行動で自閉症かどうかを診断しなければならない。もちろん,医師によって診断の基準が異なると混乱するので,世界的に共通の診断基準がつくられている。その1つが,アメリカ精神医学会が出している **DSM** というさまざまな精神疾患を診断するためのマニュアルである。現在は,版を重ねて第4版(DSM-Ⅳ-TR)になっている。なお,TRとは text revision の訳で,第4版の診断基準はそのままに,解説の記述部分が改訂されたものである。

　DSM-Ⅳ-TR によれば,**表1-1** のAにある(1)〜(3)の3つの診断基準を満たし,かつ,3歳以前に少なくともその3つのうち1つ

がみられた場合,自閉症と診断されることになっている(この3つの特徴は「自閉症の三つ組」と呼ばれることもある;Column ①②参照)。

1つは,対人的相互反応の質的障害である。これは人とのかかわりにおいて,**定型発達**児とは異なる特徴を示すことを意味している。定型発達とは typical development の訳であり,代表的なコースの発達をたどることを指す。一般に用いられている「健常児」「通常の子ども」とほぼ同じ意味と考えてよい。ただ,「健常児」「通常の子ども」(normal development)という用語には,価値的な概念が含まれやすいため,「定型発達児」という語を用いる。

対人的相互反応の質的障害の代表的な例として,**共同注意**(joint attention)行動があげられる。共同注意とは,**表1-1**の診断基準Aの(1)-(c)にあるように,他人と興味のあるものを共有するような行動を指す。例えば,飛行機やパトカーを見た時に,子どもはその対象物を指さすと同時に隣にいる大人を見るような行動である。通常であれば,およそ9,10カ月頃にみられるが,自閉症児では,なかなかみられにくいことが明らかにされている(別府,1996)。

2つめの診断基準は,コミュニケーションの質的障害である。このなかには,ことばを用いたコミュニケーションの困難さも含まれる。**表1-1**の診断基準Bの(2)-(a)に示されるように,話しことばの獲得に遅れがあったり,抑揚のない話し方がみられたりする。また,会うたびに「○○さんのおじいさんの誕生日は,12月10日ですか?」と答えがわかっているにもかかわらず,決まった質問を繰り返すこともしばしばある。さらに,知的障害の重い自閉症児の場合には,他者が「ジュース飲む?」と尋ねると,

表 1-1　DSM-Ⅳ-TR による自閉性障害の診断基準

A.　(1)，(2)，(3)から合計6つ（またはそれ以上），うち少なくとも(1)から2つ，(2)と(3)から1つずつの項目を含む．
  (1)　対人的相互反応における質的な障害で以下の少なくとも2つによって明らかになる．
    (a)　目と目で見つめ合う，声の表情，体の姿勢，身振りなど，対人的相互反応を調節する多彩な非言語行動の使用の著明な障害
    (b)　発達の水準に相応した仲間関係を作ることの失敗
    (c)　楽しみ，興味，達成感を他人と分かち合うことを自発的に求めることの欠如（例：興味のある物を見せる，持って来る，指差すことの欠如）
    (d)　対人的または情緒的相互性の欠如
  (2)　以下のうち少なくとも1つによって示されるコミュニケーションの質的な障害：
    (a)　話しことばの発達の遅れまたは完全な欠如（身振りや物まねのような代わりのコミュニケーションの仕方により補おうという努力を伴わない）
    (b)　十分会話のある者では，他人と会話を開始し継続する能力の著明な障害
    (c)　常同的で反復的な言語の使用または独特な言語
    (d)　発達水準に相応した，変化に富んだ自発的なごっこ遊びや社会性をもった物まね遊びの欠如
  (3)　行動，興味，および活動の限定された反復的で常同的な様式で，以下の少なくとも1つによって明らかになる．
    (a)　強度または対象において異常なほど，常同的で限定された型の1つまたはいくつかの興味だけに熱中すること
    (b)　特定の機能的でない習慣や儀式にかたくなにこだわるのが明らかである．
    (c)　常同的で反復的な衒奇的運動（例：手や指をぱたぱたさせたりねじ曲げる，または複雑な全身の動き）
    (d)　物体の一部に持続的に熱中する．
B.　3歳以前に始まる，以下の領域の少なくとも1つにおける機能の遅れまたは異常：(1)対人的相互反応，(2)対人的コミュニケーションに用いられる言語，または(3)象徴的または想像的遊び
C.　この障害はレット障害または小児期崩壊性障害ではうまく説明されない．

（出所）　APA, 2000, 2004.

そのまま「ジュース飲む」と繰り返すような**エコラリア**という現象がみられることもある。

3つめの診断基準は，行動，興味，および行動の限定された反復的で常同的な様式である。一般的にはこだわりと呼ばれる。ただし，こだわりといっても，発達水準に応じて，そのあらわれ方はさまざまである。例えば，話しことばのない自閉症児の場合は，手をひらひらさせる，身体を前後にゆする行動を繰り返すなどの常同的なこだわりがみられる。話しことばを獲得するような発達段階になると，特定の物を一定の位置に置かないと気がすまない，特定の行動を一定の順序で行動することに固執するなど，空間的・時間的なこだわりを示すようになる。

 高機能自閉症とは

◈ 高機能自閉症の診断基準と行動特徴

高機能自閉症は，**表1-1**の自閉症の診断基準を満たすもののうち，知的に遅れのない自閉症のことをさす。ただし，その「知的に遅れがない」という具体的な基準については，明確な合意は得られていない。一般的には**知能指数（IQ）**が70以上の場合を指すが，知能指数が85以上であると主張する研究者もいる。また，知能指数は年齢を経るなかで変動することもある。幼児期には，知的障害のある自閉症と考えられていた子どもが，その後，知的発達が進み，小学校に上がる頃に高機能自閉症の範疇に入る場合もある。

表1-1の診断基準に従えば、高機能自閉症児の行動特徴は、以下のように示される。

1つめの対人的相互反応の質的障害では、程度によってさまざまであるが、まったく他者とかかわることができないというわけではないし、ずっと1人で孤立しているということも少ない。むしろ、他者に積極的にかかわろうとする高機能自閉症の子どもも多い。しかし、そのかかわり方が、定型発達の子どもと異なる独特な様子を示す。例えば、冒頭であげたトモユキ君（事例1-1）のように、自分の思いを一方的に伝え、そのことを他者がどう感じるのかを理解することが難しいことがある。また、高機能自閉症者のなかには、廊下で他者とすれちがった時に、どのタイミングで会釈をすればいいのか、わからないと述べる方もいる。さまざまな場面で、コミュニケーションのずれがあるといえよう。

2つめのコミュニケーションの質的な障害について、特にことばの面に注目して説明する。高機能自閉症児は、語彙数自体は、定型発達児と変わらない。しかし、比喩や言外の意味を理解することに困難がみられる。例えば、高機能自閉症の成人の方は、相手から「ご飯に行きましょう」と声をかけられた時、「おかずは食べないのか」「いつ行くのか」と疑問に感じたそうである（ニキ・藤家, 2004）。また、ある小学5年生の高機能自閉症と診断された子どもは、先生の「明日、できるだけ早く宿題を持ってきなさい」という発言に対し、「朝の4時でもいいのですか？」と真面目に質問した。これらの例はいずれも、他者の発言を字義通りに理解して、言外の意味をくみとれない点に特徴がみられる。

3つめの行動、興味、および行動の限定された反復的で常同的な様式について説明する。高機能自閉症児の場合、「○○博士」

と呼ばれるぐらい、特定の領域に強い関心を示し、定型発達の子どもでは習得できないような知識の量をもつことがある。例えば、電車路線図の分布、ある特定の地域に住む昆虫、電気回路の配列、バスのエンジン音などである。何に興味を示すかは、それぞれの子どもによってさまざまであるが、「ヒトよりもモノに興味を示す」「定型発達の子どもがあまり興味をもたないようなことに強い興味を示す」という点では、共通している。

◆ 高機能自閉症とアスペルガー症候群

高機能自閉症に類似するカテゴリーとして、**アスペルガー障害**（Asperger's disorder）があげられる。アスペルガー症候群と呼ばれることもあるが、同じ意味である。アスペルガー障害の診断基準は、DSM-Ⅳ-TRでは、**表1-2**のように示される。大きくは、2つの診断基準が軸となっている。1つは、対人的相互反応の質的な障害である。これは、自閉症の診断基準と同じで、人とのかかわりに特徴的な困難があることを意味する。2つめは、行動、興味および活動が、限定的・反復的な特徴をもつことである。この点についても、自閉症と同じ診断基準である。アスペルガー障害については、知的水準についての記述はないが、実質的には知的障害は伴わないとされている。

高機能自閉症とアスペルガー障害は、その障害特徴が重なる点が多い。例えば、人とのかかわりやこだわりの特徴については、同じと考えてよい。では、どこに相違点があるのだろうか。重要な違いの1つは、幼児期における話しことばの発達である。アスペルガー障害の診断基準では、**表1-2**のDで「臨床的に著しい言語の遅れがない（例；2歳までに単語を用い、3歳までにコミュニ

表1-2 DSM-Ⅳ-TR によるアスペルガー障害の診断基準

A. 以下のうち少なくとも2つにより示される対人的相互反応の質的な障害：
  (1) 目と目で見つめ合う，声の表情，体の姿勢，身振りなど，対人的相互反応を調節する多彩な非言語行動の使用の著明な障害
  (2) 発達の水準に相応した仲間関係を作ることの失敗
  (3) 楽しみ，興味，達成感を他人と分かち合うことを自発的に求めることの欠如（例：他の人たちに興味のある物を見せる，持って来る，指差すなどをしない）
  (4) 対人的または情緒的相互性の欠如
B. 行動，興味および活動の，限定的，反復的，常同的な様式で，以下の少なくとも1つによって明らかになる．
  (1) その強度または対象において異常なほど，常同的で限定された型の1つまたはそれ以上の興味だけに熱中すること
  (2) 特定の，機能的でない習慣や儀式にかたくなにこだわるのが明らかである．
  (3) 常同的で反復的な衒奇的運動（例：手や指をばたばたさせたり，ねじ曲げる，または複雑な全身の動き）
  (4) 物体の一部に持続的に熱中する．
C. その障害は社会的，職業的，または他の重要な領域における機能の臨床的に著しい障害を引き起こしている．
D. 臨床的に著しい言語の遅れがない（例：2歳までに単語を用い，3歳までにコミュニケーション的な句を用いる）．
E. 認知の発達，年齢に相応した自己管理能力，（対人関係以外の）適応行動，および小児期における環境への好奇心について臨床的に明らかな遅れがない．
F. 他の特定の広汎性発達障害または統合失調症の基準を満たさない．

（出所）APA, 2000, 2004.

ケーション的な句を用いる）」と記されているように，幼児期において，言語発達の遅れがないことがあげられている。一方，高機能自閉症の場合，話しことばの発達の遅れがあることが明記されている（表1-1のA(2)-(a)）。実際，後に高機能自閉症と診断された子どもの幼児期をたどると，3歳まで話しことばがほとんどなかったという場合が多い。このように，高機能自閉症とアスペ

ルガー障害を分ける大きな基準は，幼児期における話しことばに遅れがあったかどうかであるとされる。

ただし，高機能自閉症においても，児童期以降は，IQが70以上という定義がなされており，言語発達，とりわけ語彙数の面では児童期以降に改善することが多い。そのため，児童期以降は高機能自閉症とアスペルガー障害を，教育的には区別する必要がないと考えられることも多い（杉山・辻井, 1999）。また，アスペルガー症候群を提唱したウイング自身も，「アスペルガー症候群と自閉症は異なる障害であるという考え方が強くなってきている。これは私の意図してきたこととは正反対である」と述べているように，高機能自閉症とアスペルガー障害を厳密に区別する立場をとっていない（Wing, 2000）。

高機能自閉症とアスペルガー障害の鑑別診断については，厳密にすべきという主張もある（十一, 2004）が，少なくとも児童期以降の教育を考えるにあたっては，厳密に分ける必要はないだろう。そこで，本書では，基本的には，高機能自閉症とアスペルガー障害をまとめて，高機能自閉症と呼ぶ。

なお，実際には，DSM-Ⅳ-TRだけでは，基準が大まかであるため正確に診断できないことが多い。そのため，さまざまな尺度が開発され，用いられている。代表的なものとして，**CARS**（The Childhood Autism Rating Scale：小児自閉症評定尺度）や，**PARS**（PDD-ASJ Rating Scales：広汎性発達障害日本自閉症協会評定尺度）などがある。

◈ 自閉症／高機能自閉症をとらえる2通りの視点

自閉症と一口でいっても，その障害のとらえ方はさまざまであ

図1-1　DSM-Ⅳ-TR による広汎性発達障害の一覧

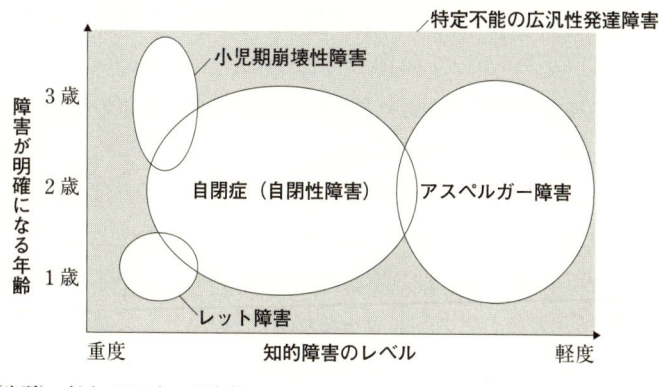

（出所）　杉山, 2001 を一部改変。

る。自閉症のとらえ方は，大きくは2つに分かれている。1つは，広汎性発達障害という見方であり，もう1つは**自閉症スペクトラム障害**（autism spectrum disorders：略して ASD と呼ばれることもある）という見方である。どちらの視点も，さまざまな自閉症の子どもを包括してとらえる用語であるが，そのとらえ方が異なる（奥住, 2008）。

最初に広汎性発達障害として自閉症をとらえる見方について説明する。この見方は，自閉症をいくつかのサブグループに分かれたものとしてとらえる点に特徴がある。広汎性発達障害とは，ことばや社会性，協調運動など広汎な領域に障害を示すという意味があり（杉山, 2001），DSM-Ⅳ-TR では，5つのサブグループに分けられている。自閉症（自閉性障害），レット障害，小児期崩壊性障害，アスペルガー障害，**特定不能の広汎性発達障害**の5つである。この5つの関係は，**図1-1**のようにあらわされる。DSM-

第1章　高機能自閉症の基礎理解

Ⅳ-TRでは,高機能自閉症という名称はないが,このなかでは,アスペルガー障害および特定不能の広汎性発達障害の一部があてはまる。なお,レット障害,小児期崩壊性障害についての説明は,本章の趣旨から外れるため割愛する。これらの障害の詳細については,白石(1997)や栗田(2000)を参照されたい。

　一方,自閉症スペクトラム障害としてのとらえ方は,図1-1 ように いくつかのサブグループに分けるような見方をとらない。自閉症という障害の有無に明確な境界線を引くことが難しいと考え,「この子どもは,アスペルガー障害」「この子どもは特定不能の広汎性発達障害」といったサブグループに分けることはしない。スペクトラムは,「連続体」と訳されることからもわかるように,同じ自閉症の障害があっても,自閉症の障害特性が強くあらわれている子どもと,それほどでもない子どもなどさまざまであるととらえている。

　この見方は「スペクトラム」という用語の語源を考えるとよりいっそう明瞭となる。「スペクトラム」の語源は,虹である。虹は,7色の区別が厳密には難しいし,またそもそもどこからが虹で,どこから虹でなくなるのかも区別が難しい。このような語源からわかるように,自閉症スペクトラム障害は,自閉症のなかのサブグループを厳密に区別しないだけでなく,自閉症の特性と定型発達も連続しているととらえる。

　自閉症という障害をスペクトラム(連続体)としてとらえた場合,図1-2のような形で図示することができる。同じ自閉症の子どもでも,自閉症の特性が強い子どももいれば,弱い子どももいる。また,重度の知的障害を伴う自閉症児もいれば,知的障害のない自閉症児もいる。高機能自閉症児は,この図で考えれば,長

図1-2 自閉症スペクトラム概念

（出所）奥住, 2008 を一部改変。

方形の上のほうに分布していると考えられる。つまり, 知的障害はなく, かつ, 自閉症の特性は強い場合もあれば, 弱い場合もあるということである。また, 定型発達児は, 図の右上のほうに分布する。知的障害もなく, かつ, 自閉症の特性もないからである。

◆ 高機能自閉症と他の発達障害との重なり

高機能自閉症は, 障害の定義上, 知的障害と重なることはない。しかし, LD（学習障害）や ADHD（注意欠陥多動性障害）などの他の発達障害と重複する場合がある。図1-3は, 文部科学省が2003年に公表した「今後の特別支援教育の在り方について（最終報告）」のなかで, 小・中学校にどの程度の発達障害（高機能自閉症・LD・ADHD）の子どもがいるのかという割合を示したものである。この調査は, 教員への質問紙調査のみであり, 医師が診断を行ったわけではない。そのため, 正確な障害の割合を示したものではない。しかし, 少なくとも図1-3を見るかぎり, 高機能自閉症は, 少なくない割合で, LDかADHDと重複している可

第1章 高機能自閉症の基礎理解

図1-3 高機能自閉症，ADHD，LDの割合

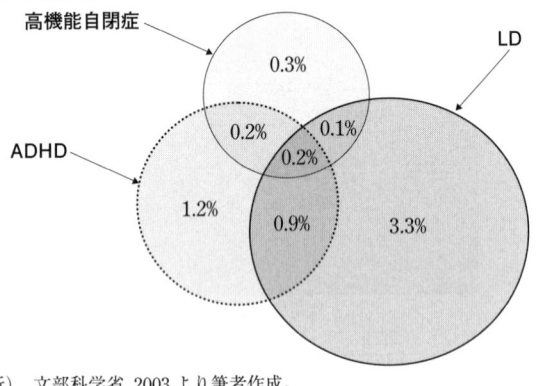

（出所）文部科学省，2003より筆者作成。

能性が高いことがわかる。

　高機能自閉症の子どもが，ADHDを併せ持つ場合は，17.2％から68％と研究によって大きな幅がある（岡田, 2006）。ただし，自閉症とADHDの2つの障害が併存している場合は，自閉症のみを診断することになっている。これは，ADHDの症状は，自閉症の障害の一部であるという認識からきている。ただ，現在では一概にそうともいえず，見直す声も出ている。一方，自閉症の子どもがどの程度，LDを併せ持っているのかについて，詳細な研究はなされていない。しかし，2003年の文科省の調査をふまえれば，少なくない割合で高機能自閉症とLDを併せ持っている子どもがいることが想定される。また，自閉症とLDは，障害名を併存させてよいことになっている。

5　自閉症の原因

　自閉症は,「親の育て方」「テレビの見せすぎ」といった養育態度や育児環境によって発生するものではない。社会階層によって自閉症の有病率に違いはないという報告からも明らかである（Fombonne, 2003）。

　自閉症の原因は,生得的な中枢神経系の機能不全によるものであると考えられている。このことは,自閉症児においては,脳波異常が30〜80％,てんかん発作が10〜30％認められていることからもわかる。しかし,具体的に脳のどの部位に機能不全が認められるのかは,明確になっていない。例えば,発生的に古い部位である**小脳**の大きさに異常を認める報告があったり,恐怖などの情動の働きをつかさどる**扁桃体**の機能不全が指摘されることもある。一方,ヒトが高度に発達させた高次認知機能のはたらきを担う**前頭前野**に機能不全があるとも指摘される。しかし,まだ明確な部位を特定するまで研究は進んでいない。今後の研究の進展を待つ必要がある（最近の自閉症における脳科学研究のレビューとしては,佐藤・魚野・十一, 2009 が参考になる）。

　また,遺伝的な要因も指摘されている。双生児のうち一方が,自閉症の診断を受けている場合,もう一方の子どもがどの程度の割合で自閉症の診断基準を満たすかを調べた研究がある（Folstein & Rutter, 1977；Steffenburg et al., 1989 など）。すると,一卵性双生児の場合,約60〜90％という高い確率で自閉症の診断基準を満たしたのに対し,二卵性双生児では,約0〜10％の一

致率であることがわかった。また，自閉症の子どもがいる親族を対象とした研究でも，自閉症傾向のある者が多いことが明らかにされている（Piven, 2001）。これらの結果から，自閉症の原因として，一定の遺伝的な要因が想定される（まとまったレビューとして，竹下, 2007 が参考になる）。

しかし，気をつけなければならないのは「自閉症遺伝子」といった単一遺伝子は存在しないことである。そうではなく，複数の遺伝子が自閉症の発現に関与していることが明らかになっているということである。また，自閉症が100％遺伝するわけでもない。現時点では，あくまで，遺伝的な影響がある程度みられると考えるべきだろう。

6　自閉症の有病率と男女比

自閉症がどの程度みられるのかという**有病率**は，研究によって，数値が異なる。その理由の1つは，診断基準が一定していないからである。自閉症と診断する基準が広いほど有病率は高くなり，診断基準が狭い場合はその逆となる。また時代によっても自閉症の概念が異なるため，調査が行われた年代によっても違いが出る。さらに，調査対象となる地域が狭い場合は，対象となる子どもを丁寧にみることができるため，自閉症児の発見率が上がり，結果として有病率が高くなることが多い。

このように有病率について明確な結論が出ていないという前提で，これまでの知見を紹介する。有病率の調査が行われ始めた

1960年代の研究では、自閉症全体で1万人あたり4人（0.04％）という有病率の報告（Lotter, 1966）がなされたのに対し、近年、イギリスで、およそ1万5500人の幼児を対象に行われた研究（Chakrabarti & Fombonne, 2001）では、1万人あたり62.1人（0.62％）という結果が出ている。このうち高機能自閉症と考えられるのは、1万人あたり48人（0.48％）であった。また、同じくイギリスで、18カ月児1万6000人余りを対象に行われた研究（Baird et al., 2000）では、自閉症スペクトラム児の有病率は1万人あたり30.8人（0.31％）であり、そのうち、60％が高機能自閉症であったと考えられている。

日本では、横浜市において、ICD-10（WHOの国際的な疾病分類）による自閉症の診断基準をもとに有病率についての調査が行われた（Honda et al., 1996）。そこでは、IQ70以上の高機能自閉症児は、1万人につき1.6人（0.16％）という報告がなされている。しかし、神尾（2000）が指摘するように、より自閉症の特性が軽度の子どもの割合については、明らかにされていない。

性差については、男児のほうが多いとされている。ただし、その比率については、一定していない。男女比を4：1とする研究（Ehlers & Gillberg, 1993）や、2：1とする報告（Honda et al., 1996）などがある。一方、アスペルガー症候群においては、男女比は15：1とする報告（Frith, 2003）もある。

◆さいごに

日本における高機能自閉症についての研究は、10年前とは比較にならないほど多く行われるようになってきた。その結果、高機能自閉症児の心理的な特徴が明らかになり、また支援への道筋

も開かれつつある。

しかし，その一方で，本章でも述べてきたように，いまだに明らかになっていない点も多い。今後も，高機能自閉症の研究や実践に学びながら，支援のあり方を考えていく必要があるだろう。

引用・参考文献

赤木和重・佐藤比呂二（2009）『ホントのねがいをつかむ――自閉症児を育む教育実践』全国障害者問題研究会出版部

APA（American Psychiatric Association）(2000) Diagnostic and Statistical Manual of Mental Disorders DSM-IV-TR 4th ed. (text revision). American Phychiatric Association.（高橋三郎・大野裕・染矢俊幸訳〔2004〕『DSM-IV-TR 精神疾患の診断・統計マニュアル』医学書院）

Asperger, H. (1944) Die "Autisischen Psychopathen" in Kindesalter. *Archive für Psychiatrie und Nervenkrankheiten*, 117, 76-136.（詫摩武元訳〔1993〕「小児期の自閉的精神病質」『児童青年精神医学とその近接領域』34, 180-197, および 282-301.）

Baird, G., Charman, T., Baron-Cohen, S., Cox, A., Swettenham, J., Wheelwright, S., & Drew, A. (2000) A Screening Instrument for autism at 18 months of age: A 6-year follow-up study. *Journal of the American Academy of Child and Adolescent Psychiatry*, 39, 694-702.

別府哲（1996）「自閉症児におけるジョイントアテンション行動としての指さし理解の発達――健常乳幼児との比較を通して」『発達心理学研究』7, 128-137.

Chakrabarti, S., & Fombonne, E. (2001) Pervasive developmental disorders in preschool children. *Journal of the American Medical Association*, 285, 3093-3099.

Ehlers, S., & Gillberg, C. (1993) The epidemiology of Asperger syndrome: A total population study. *Journal of Child Psychology and Psychiatry*, 34, 1327-1350.

Fombonne, E. (2003) Epidemiological surveys of autism and other pervasive developmental disorders: An update. *Journal of Autism and Developmental Disorders*, 33, 365-382.

Folstein, S., & Rutter, M. (1977) Genetic influences and infantile autism. *Journal of Child Psychology and Psychiatry*, 18, 297-321.

Frith, U. (2003) *Autism: Explaining the enigma*, 2nd ed. Blackwell Publishing.（冨田真紀・清水康夫・鈴木玲子訳〔2009〕『新訂 自閉症の謎を解き明かす』東京書籍）

Honda, H., Shimizu, Y., Misumi, K., Niimi, M., & Ohashi, Y. (1996) Cumulative incidence and prevalence of childhood autism in children in Japan. *The British Journal of Psychiatry,* 169, 228-235.

Houston, R., & Frith, U. (2000) *Autism in History: The case of Hugh Blair of Borgue*. Blackwell Publishing.

神尾陽子（2000）「アスペルガー症候群——その概念の過去と現状」『自閉症と発達障害研究の進歩』4, 3-24.

Kanner, L. (1943) Autistic disturbances of affective contact. *The Nervous Child*, 2, 217-250.

栗田広（2000）「小児期崩壊性障害とその周辺」『乳幼児医学・心理学研究』9, 1-12.

Lotter, V. (1966) Epidemiology of autistic conditions in young children. *Social Psychiatry and Psychiatric Epidemiology*, 1, 124-135.

文部科学省（2003）「今後の特別支援教育の在り方について（最終報告）」特別支援教育の在り方に関する調査研究協力者会議

ニキリンコ・藤家寛子（2004）『自閉っ子, こういう風にできてます！』花風社

岡田俊（2006）「注意欠陥／多動性障害とアスペルガー障害の鑑別」『こころのりんしょうa・la・carte』25, 210-214.

奥住秀之（2008）『どうして？教えて！自閉症の理解』全国障害者問題研究会出版部

Piven, J.（2001）The broad autism phenotype: A complementary strategy for molecular genetic studies of autism. *American Journal of Medical Genetics Part B: Neuropsychiatric genetics*, 105, 34-35.

佐藤弥・魚野翔太・十一元三（2009）「広汎性発達障害の神経基盤」須田治編『情動的な人間関係の問題への対応』金子書房

白石正久（1997）「レット症候群とアンジェルマン症候群」『障害者問題研究』25, 14-30.

Steffenburg, S., Gillberg, C., Hellgren, L., Andersson L., Gillberg, I. C., Jakobsson, G., & Bohman, M.（1989）A twin study of autism in Denmark, Finland, Iceland, Norway and Sweden. *Journal of Child Psychology and Psychiatry*, 30, 405-416.

杉山登志郎（2001）「アスペルガー症候群および高機能広汎性発達障害をもつ子どもへの援助」『発達』85, 46-67.

杉山登志郎・辻井正次編（1999）『高機能広汎性発達障害——アスペルガー症候群と高機能自閉症』ブレーン出版

竹下みずほ（2007）「自閉症の発症と遺伝子」『自閉症スペクトラム研究』6, 27-37.

十一元三（2004）「高機能自閉症とアスペルガー障害」『障害者問題研究』32, 90-98.

Wing, L.（1981）Asperger's syndrome: A clinical account. *Psychological Medicine*, 11, 115-129.

Wing, L.（2000）Past and future on Asperger syndrome. In A. Klin, F. R. Volkmar, & S. S. Sparrow（Eds.）*Asperger Syndrome*. Guilford Press.

第2章

発達の経過

発達の流れをみる

この章では，高機能自閉症児の特徴を乳幼児期から成人期までにわたって発達の経過をたどりながらみていく。このように発達の経過を追ってとらえることは，自閉症の症状がその発達段階に応じて大きく変容することを理解するためには必要不可欠である。さらに実際の支援を行う際には，対象となる自閉症児がそれまで培ってきたさまざまな体験をふまえて支援の内容や方法を考えていくことが重要である。ここでは，発達の各時期におけるさまざまな問題について事例を交えながら紹介していこう。

1　乳幼児期の特徴
初期予兆と保護者の気づき

◆「なんとなく気になる子」

　発達心理学では，生後1カ月までの期間が**新生児期**と呼ばれ，続いて1歳から1歳半までの期間を**乳児期**と呼んでいる。文字通り「おっぱいを飲む」時期であり，赤ちゃんは養育者からの手厚い保護を受けて育っていくのである。英語ではこの時期の赤ちゃんを"infant"と呼び，これはラテン語の in（～できない）と fans（for〔話す〕の変化形）という2語が語源となっており，まだ話すことができない時期と位置づけられている。定型発達では1歳を過ぎる頃に独歩が可能になるし，1歳半頃までには「ママ」や「わんわん」などの有意味語，いわゆる初語を発するようになる。

　この乳児期における高機能自閉症の一番の難しさは，障害の有無について気づかれにくい，理解されにくい，ということである。第1章で述べた通り，自閉症の診断は主に3歳以後のさまざま

な行動特徴にもとづいてなされるため，乳児期においては明確にならないことがほとんどである。特に自閉症の最も主要な症状であることばの**遅れ**または**偏り**については，まだ初語が出ていない乳児期に自閉症の有無を判断するのはきわめて難しい。

しかしながら多くの場合，自閉症の症状は乳児期の当初からあらわれるものと考えられている。例えば，自閉症と後に診断された子どもの保護者に，乳児期の頃の様子を回顧してもらうと，多くは「**なんとなく気になる**」という感じをもっていたことがわかる。以下は高機能自閉症児の母親が乳児期の頃のことを述懐して語った内容である。

> **事例2-1　高機能自閉症男児A君の母親の語り**
> 「あまり相手をしないでベビーベッドに寝かせたままでも機嫌がいいので，"手のかからないよい子だ"って思ってました。でも，お腹を空かせて泣くみたいなこともなかったので，ちょっと気にはなってました」

> **事例2-2　高機能自閉症男児B君の母親の語り**
> 「なんとなく，この子はちょっとおかしいな，とは思っていたんです。上の子と違って，抱っこしても泣きやまないし，むしろ嫌がるし……。昼も夜も泣き続けて……。でもそのうちよくなってくるだろうって思ってたし，祖母も『あなたの時もよく泣いてた』って。だから，そんなもんかなと……」

ウイング（L. Wing）は，自閉症乳児は3つのタイプに分けられるとしている（ウイング，1998）。1つめは，1日中乳母車の中で満足そうに横になっていて，お乳を欲しがって泣くなどの要求が少ないタイプである。事例2-1のA君はまさしくこのタイプにあ

たると思われる。続いて2つめは、昼も夜も泣き叫び、いくらあやしたりなだめたりしても止まらないタイプである。このタイプは比較的少数であると考えられるが、事例2-2にあげたB君はこのタイプにあてはまるだろう。最後の3つめのタイプは、このどちらにもあてはまらず、行動パターンに何の異常な特徴を示さなかったタイプである。

　上記の語りのように、乳児期の当初から保護者はなんとなく気になる感じをもっていることがうかがえる。しかしながら多くの保護者は"気のせいだろう"や"そのうちよくなるだろう"と見過ごしてしまう。核家族化が進んだ日本では子どもを1人しかもたない場合少なくないため、はじめての子育てではほかの子どもとの違いにはきわめて気づきにくい状況にある。その場合、祖母など親類が子どもの様子の違いに気づくことがある。事例2-2のB君の伯母は次のように語っている。

> 事例2-3　高機能自閉症男児B君の伯母の語り
> 「抱っこしたとたん、自分が育てた子どもとは何か違うって、すぐにわかったわ。だって、抱きついてくる感じがまったくなかったんだもん。でも妹（母親）には何も言えなかったわ。だって"あなたの子どもはちょっとおかしいから病院に行ったら"なんて言えるわけがないじゃない」

　このように自閉症の場合は、保護者をはじめとして周囲の人たちがなんとなく気になるものの、見過ごされてしまうことが多い。明らかな発達の遅れを併発している場合は、保護者をはじめとして周囲の人たちが障害の存在を明確に認識することができるが、高機能自閉症の場合、基本的には発達の遅れがみられないためき

わめて障害に気づきにくい。むしろ「手のかからないよい子」という表現にあるように，ほかの子どもよりも優れた子どもであると認識される場合もある。

◈ 乳児期における自閉症の初期予兆

それでは，乳児期における高機能自閉症の特徴はどのようなものだろうか。乳児期においてよくみられる特徴としては，おしめの取り替えや衣類の着脱，身体を洗う時などにかかわられることを嫌がる，抱き上げられることを予期して手を伸ばすことをしなかった，抱きかかえられてからも母親の腕の中で身体が落ち着くようにちょっと動いたりせず，おんぶされてからも手や膝に力を入れてつかまろうとしない，などがあげられる。こうした特徴は，感覚の過敏性（第3章参照）が原因となっていると考えられる。光や輝いているものや回転したりするものに対して興味を示したり，テレビ画面などの視覚刺激や，また音楽などの聴覚刺激に対する著しい興味が非常に早期からあらわれることもある。

一方，定型発達の乳児なら興味をもちそうなものには興味を示さないということも乳幼児期の自閉症の特徴としてあげられよう。典型的なのは人や動物などへの好奇心，または人の声などに対する反応である。目と目を合わせるアイコンタクトの少なさは多くの研究が示しており，また保護者からの回顧的報告でも必ずといっていいほど観察される。これらは自閉症の特徴である対人関係性障害の初期症状として位置づけられよう。

アドリエンら（Adrien et al., 1991）の研究では，後に自閉症と診断された子どものホームビデオの分析が行われている。彼らは2歳までの自閉症の特徴として，**社会的交渉の困難，情動の歪み，異**

常な視聴覚行動，奇妙な行動，筋緊張や筋強度，そして運動の異常が認められたとしている。

　しかしながら，これらの研究の多くで対象となった自閉症児は知的障害を伴ういわゆる典型的な**カナータイプ**（カナーが「早期乳児自閉症」と名付けた典型的な自閉症のタイプ）の自閉症（第1章参照）であり，アスペルガー障害や高機能自閉症児は対象となっていないことが多いため，高機能自閉症の乳児についても同様の知見が認められるかは定かではない。多くの保護者からの報告では，高機能自閉症の場合はこれらの項目のいくつかまたはすべてが"異常なし"だったとされることが多いようである。したがって高機能自閉症の場合は，こうした乳児期の特徴がすべてあてはまるわけではなく，またあてはまったとしても異常の頻度や程度が弱い，ということを留意する必要があるだろう。

◈ 共同注意──乳児期の自閉症の早期スクリーニング

　さて，こうした乳児期の自閉症の特徴を見出していくうえで，現在最も注目されているのは「**共同注意**」という概念である（第1章参照）。共同注意とは，自己―他者―対象という三項関係においてで自己と他者が同じものに注意を向ける，という対人的コミュニケーション現象のことである。共同注意の発達的起源は生後9カ月頃に遡るとされており，9カ月以前は共同注意が成立せず二項関係でのコミュニケーションに限定される。例えば，9カ月以前の赤ちゃんは母親が指さしをしても，その方向をふり返ることはない。その代わり，母親が微笑んだら微笑み返すという二項関係でのコミュニケーションは成立する。その後，生後9カ月頃を過ぎると母親がおもちゃを指さすと赤ちゃんがその方向を見

図 2-1 乳幼児期におけるコミュニケーションの発達

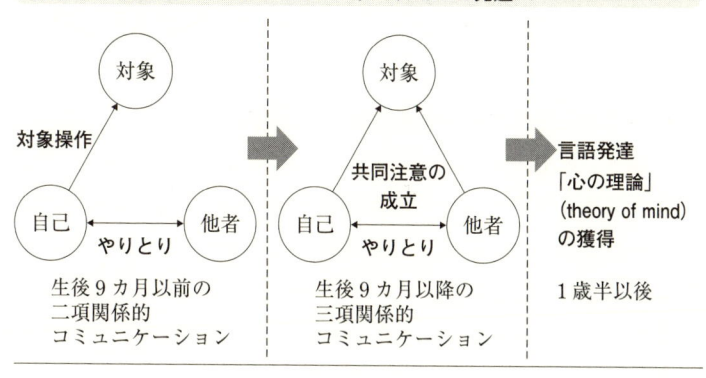

```
対象操作
  対象                    対象
   ↑                       ↑
   |              共同注意の
   |              成立
  自己 ⇔ 他者         自己 ⇔ 他者        ⇒  言語発達
      やりとり            やりとり              「心の理論」
                                              (theory of mind)
                                              の獲得

  生後9カ月以前の      生後9カ月以降の      1歳半以後
  二項関係的           三項関係的
  コミュニケーション    コミュニケーション
```

るようになり，共同注意が成立するようになる。この共同注意はその後の言語発達や「心の理論」（第3章参照）の前身といわれており，共同注意の成立の可否はコミュニケーション発達においては大きな分岐点となる（図2-1）。

この共同注意は自閉症の**早期スクリーニング**において重要な役割を果たすと位置づけられている。自閉症児はこの共同注意の成立が著しく遅れることが明らかになっており，共同注意行動の出現の可否によって自閉症かどうかを早期に診断することが可能になると考えられている。バロン＝コーエンら（Baron-Cohen, Allen & Gillberg, 1992；Baron-Cohen et al., 1996）は1万6235人のデータをもとに，18カ月時点で叙述的指さし（乳児が興味のあるものを指さして保護者に見せようとする行動）などの共同注意行動やふり遊びなどが出現しているかをチェックすることで自閉症リスクを判定するチェックリスト（**CHAT**）を開発している。しかしながら，このCHATは感度が21.3％と低く偽陰性率（本当は自閉症なのにもかかわらず自閉症ではないと判定してしまうこと）が高い。す

なわち高機能自閉症などの場合，CHATでは見過ごされてしまうことがきわめて多いことが問題となっている（Baron-Cohen et al., 2000）。

日本でも大神らが福岡県糸島地区（前原市・志摩町・二丈町）の悉皆調査（**糸島プロジェクト**）によって，共同注意を軸にした自閉症の早期スクリーニング法を開発している（大神, 2008）。そこで明らかになった自閉症の初期予兆としては，① 共同注意の重要な指標である叙述の指さし（乳児が興味のあるものを保護者に見せようとして指さすこと）や応答の指さし（保護者から「～はどれ？」と尋ねられて，対象を指さすこと）がみられないこと，② 他者の苦痛への反応の欠如，③ 有意味語の欠如，④ 絵本のなかの事物の呼称ができない，そして⑤ 伝い歩き以上の移動運動ができること，があげられている。しかし一方で，高機能自閉症についてはこうした項目が必ずしもあてはまらず，特に叙述の指さしや有意味語については高機能自閉症のうち60％以上が出現しており，1歳半時点以後の発達過程を慎重に見極める必要があることも指摘されている。

上述した早期スクリーニングは現在まさに開発途上の段階であり，今後さらに改良が加えられることで高機能自閉症などにも対応可能なシステムとなると考えられる。特に大神らの糸島プロジェクトは単なる早期スクリーニング法の開発にとどまらず，定型発達過程の解明から地域での発達支援体制づくりなど，地域と連携した生活モデル型の一大プロジェクトとして世界中から賞賛されている。糸島プロジェクトの中心的役割を果たしてきた前原市は**発達障害早期総合支援モデル事業**として文部科学省から指定されており，今後の動向が期待されるところである。

◈ 幼児期における自閉症の特徴

子どもが1歳半を過ぎ小学校入学までの期間を幼児期と呼ぶ。この時期に入ると自閉症の特徴が次第に明確になってくることが多い。乳児期の時になんとなくは気になったものの見過ごしていた保護者が再び気になるようになるのもこの時期である。

> **事例2-4　高機能自閉症男児C君の保護者の語り**
> 「歩き始めるようになってから，毎日がまるで嵐のようでした。いくら言い聞かせても落ち着きなく動き回って，部屋の中は荒れ放題でした。テレビを見せると落ち着いて座っていられるので，家にいる時はとにかく1日中テレビを見せてました」

事例2-4のように，独歩が可能になる1歳半頃から多動が激しくなることがある。あちこち動き回るだけでなく，家中のさまざまなものをひっくり返したり，タンスの上などの高いところに登って大人をハラハラさせたりなど，状況に見合った行動がとれないでうろつき回ることが多い。この様子はADHD（注意欠陥多動性障害）との鑑別が難しいが，自閉症児の場合，周囲の状況を読み取ることが難しいことが多動の原因となっていることが多い。保護者がいくら言い聞かせても止まらない，というのもコミュニケーションの難しさから生じているものと考えられる。

また，自閉症特有のこだわり（**固執傾向**）が明確になってくるのもこの時期である。

> **事例2-5　高機能自閉症男児D君の保護者の語り**
> 「偏食がひどくて，白いご飯はまったく食べませんし，野菜もまったく食べません。無理に食べさせようとすると，激しく泣きわめきます。着る服にもこだわりがあって，靴下をはくの

をとにかく嫌がります」

　事例2-5の場合，先述した感覚過敏が原因となり，食べ物や着る服に対するこだわりが生じているものと考えられよう。このように味覚や触覚に関するこだわりをもつ自閉症児は多く，無理に直そうとするとパニック的な行動を示すことがある。高機能自閉症の場合，激しいパニック的な行動は少ないものの何らかの形でこだわりをもっている子どもは多い。また感覚的な問題だけでなく，儀式的な行動に対してこだわりをもつ場合も多い。例えば保育園までの道順や玩具の配列など，日常生活のあらゆる場面で大人からみると無意味と思われることにこだわりを示すことがある。

　ただし，高機能自閉症児に関しては手をひらひらさせたりクルクル回ったりなどの，いわゆる常同的・反復的な**衒奇的行動**は少ないようである。この衒奇的行動は自閉症を特徴づける代表的な症状であるが，知的障害の程度と関連があると考えられている。そのため知的障害をもたない高機能自閉症児の場合，明確な衒奇的行動を示さないことが多く，そのことが発見を遅らせる原因の1つになる。

> **事例2-6　高機能自閉症男児E君の保護者の語り**
> 「ことばは少し遅かったのですが，2歳前には話せるようになりました。3歳になる頃には，大人が使うような難しいことばを使って話をするようになって，祖母や祖父は"天才だ"って喜んでいました」

　自閉症の主要な症状の1つであることばの遅れが高機能自閉症では示されないことがある。特にアスペルガー傾向が強い場合，

むしろ年齢相応以上の難しい語彙や話し方をすることが多い。この場合，周囲の大人に奇妙な印象をもたらすことも多いが，事例2-6のように"小さい子が難しいことばをしゃべっている"ことがポジティブな印象を与えることもあり，この点でも発見が見過ごされることがある。

◈ **集団のなかでの様子**

保育園や幼稚園に入ると，集団行動のなかで自閉症の特徴が目立ってくることが多い。それまで家庭のなかでは見過ごされていた高機能自閉症児が保育士などの指摘によって発見され，それによりはじめて保護者が気づくということもよくある。保育園や幼稚園の中では，以下のような様子がよく観察される。

> 事例2-7　高機能自閉症男児F君の保育園の担任の話
> 「F君はいつも他の子どもとは遊ばず，自分1人で玩具遊びにひたってます。お歌や給食の時間は座ってることはできるんですが，自由遊びの時間になるとみんなと一緒の遊び（砂場遊びやブランコ）などには興味を示さず，一心不乱というか，ずっとお気に入りの車の玩具で1人で遊んでるんです」

自閉症児は，保育園や幼稚園で集団に入ろうとせず1人で遊ぶことを好んだり，いつも同じ特定の玩具や特定の遊びに没頭するなどの様子がみられることが多い。園庭でほかの子どもが砂場で遊んでいても1人ぽつんと離れていることもある。事例2-7のF君はお歌や給食の時間などに席に座っていることができるようだが，そもそも集団活動にまったく従えない自閉症児もいる。保育園や幼稚園は子どもがはじめて集団活動に身を投じる場面なので，

自閉症の特性があらためて浮き彫りになることが多いし，またほかの同年代の子どもと一緒の活動になるため，家庭でよりも自閉症児の特異性が目立つことが多い。

しかしながら，保育士や幼稚園教師は明らかに問題を認識しているにもかかわらず，保護者に対してそのことを伝えられない場合がある。保育士などが保護者に対して子どもの障害を指摘することには，①保護者の抵抗や反感を受ける可能性があること，②最終的な**確定診断**は医療機関を受診せねばならず，保育士などが要請しても保護者が医療機関を受診しない可能性があること，などが問題となる。その他にもさまざまな要因が絡み，結果的に保育士などが子どもの問題に気づいたとしても保護者には伝えずにいる場合も多いのが実情である。

2 学童期における特徴
学校での様子

子どもは満6歳になった次の4月から小学校へ入学することになる。知的障害を有している場合，特別支援学校もしくは特別支援学級へと入学することが多いが，高機能自閉症児をはじめADHD（注意欠陥多動性障害），LD（学習障害）など発達障害の場合，通常の学級に入学することがほとんどである。

◆ 学校現場における高機能自閉症児の実情
2002（平成14）年に文部科学省は「**通常の学級に在籍する特別な教育的支援を必要とする児童生徒に関する全国実態調査**」（文部科学

省, 2002) を行った。その結果, 通常の学級のなかに知的発達に遅れはないものの学習面や行動面で著しい困難を示すと担任教師が回答した児童生徒の割合が6.3％存在しており, そのなかで「対人関係やこだわり等」の問題を著しく示す児童が0.8％程度存在していることがわかった（**図1-3**参照）。この調査は医師による診断をもとにしておらず, あくまで担任教師の判断によるものであるが, 通常学級の中に相当数の高機能自閉症をはじめとした発達障害を疑われる児童が潜在していることがうかがえる。6.3％という数字は35人程度の平均的な学級編成からいえば2人から3人は各クラスに存在し, また0.8％は児童数300人程度の平均的な小学校で高機能自閉症を疑われる児童が2人から3人程度は在籍していることを示している。

　このような実態調査を基盤にして, 従来は特殊教育の対象となっていなかった発達障害児への教育的支援体制づくりが急がれ, 2007（平成19）年度から「**特別支援教育**」がスタートした。これにより高機能自閉症をはじめとする発達障害児への教育的支援が本格的に取り組まれることになった。具体的には①**特別支援教育に関する校内委員会の設置**, ②**実態把握**, ③**特別支援教育コーディネーターの指名**, ④**関係機関との連携を図った「個別の教育支援計画」の策定と活用**, ⑤**「個別の指導計画」の作成**, ⑥**教員の専門性の向上**, といった取り組みがなされるようになった。また, 2009（平成21）年度の「特別支援学校学習指導要領」の改訂に伴い, 特別支援学校の教育課程の柱である「**自立活動**」における内容区分に「**人間関係の形成**」が加わり, その他にも「**感覚や認知の特性に関すること**」が項目として加わっている。これらは自閉症をはじめとする発達障害への対応が念頭におかれた内容となって

表 2-1　文部科学省 (2002年) の調査による「対人関係やこだわり等」に関する項目

- 大人びている。ませている
- みんなから,「○○博士」「○○教授」と思われている (例:カレンダー博士)
- 他の子どもは興味を持たないようなことに興味があり,「自分だけの知識世界」を持っている
- 特定の分野の知識を蓄えているが, 丸暗記であり, 意味をきちんとは理解していない
- 含みのある言葉や嫌みを言われても分からず, 言葉通りに受けとめてしまうことがある
- 会話の仕方が形式的であり, 抑揚なく話したり, 間合いが取れなかったりすることがある
- 言葉を組み合わせて, 自分だけにしか分からないような造語を作る
- 独特な声で話すことがある
- 誰かに何かを伝える目的がなくても, 場面に関係なく声を出す (例:唇を鳴らす, 咳払い, 喉を鳴らす, 叫ぶ)
- とても得意なことがある一方で, 極端に不得手なものがある
- いろいろなことを話すが, その時の場面や相手の感情や立場を理解しない
- 共感性が乏しい
- 周りの人が困惑するようなことも, 配慮しないで言ってしまう
- 独特な目つきをすることがある
- 友達と仲良くしたいという気持ちはあるけれど, 友達関係をうまく築けない
- 友達のそばにはいるが, 一人で遊んでいる
- 仲の良い友人がいない
- 常識が乏しい
- 球技やゲームをする時, 仲間と協力することに考えが及ばない
- 動作やジェスチャーが不器用で, ぎこちないことがある
- 意図的でなく, 顔や体を動かすことがある
- ある行動や考えに強くこだわることによって, 簡単な日常の活動ができなくなることがある
- 自分なりの独特な日課や手順があり, 変更や変化を嫌がる
- 特定の物に執着がある
- 他の子どもたちから, いじめられることがある
- 独特な表情をしていることがある
- 独特な姿勢をしていることがある

(0:いいえ, 1:多少, 2:はい, の3段階で回答)

(出所) 文部科学省, 2002。

おり，今後はこれらの取り組みによるさまざまな実践例が報告されるものと期待されよう。

◆ **学校生活における高機能自閉症の問題**

さて，前述した文部科学省の実態調査は，DSM-Ⅳ-TRなどの診断基準（第1章表1-1，表1-2参照）や各種の発達障害の特徴をもとにアンケート形式で行われている。そのなかの高機能自閉症に関連する「対人関係やこだわり等」に関する質問項目を表2-1に記した。これを読むと，学校現場において高機能自閉症児がどのような行動を示しやすいのか，特徴をつかむことができよう。これらの特徴の多くは年齢相応の仲間関係を形成することの難しさにつながり，クラスで孤立したり，いじめられたりといった対人関係上のトラブルを起こしやすい。また子ども同士だけでなく周囲の大人からの非難や叱責も受けやすい。以下に示す事例は，そうした対人関係上のトラブルを生じた高機能自閉症児のエピソードである。

> 事例2-8　高機能自閉症男児（5年生）G君
> 　G君は自分が興味のある電車について話し出すと止まらない。電車の型番，路線，時刻表など，クラスのほかの児童は見向きもしない話を延々と語るため「鉄道オタク」と呼ばれている。1，2年生の頃はG君の電車に関する知識の豊富さに「すごいね」「鉄道博士だね」といった賞賛の声もあったが，3年生になる頃から休み時間が終わって授業時間になっても鉄道の話をやめないG君を徐々に煙たがる雰囲気ができ，4年生になると，女子からは「うざい」「気持ち悪い」と避けられるようになり，男子からは無視をされるようになった。次第にG君はいじめ

> の対象になっていった。心配した担任はG君の保護者と相談し，クラスの児童にG君の障害について説明をすることになった。担任はG君が自閉症という障害であること，鉄道の話をG君がやめない場合はやめてくれるようにはっきりとG君に伝えることを説明した。その結果，クラスの児童はG君との接し方を理解し，G君をいじめるのをやめて再びクラスの一員として受け入れるようになった。

　この事例にみられるように，低学年のうちはクラスのなかで受容されていたとしても，学年が上がるにつれて高機能自閉症児の奇妙さが目立つようになり，さらにクラスのほかの児童がいわゆるギャングエイジ（徒党時代）に入るようになると，高機能自閉症児はその仲間に入ることができずに孤立することが多い。多くの原因は自閉症の特性から生じる状況の読めなさや感情理解の困難（第4章参照）などが背景にあると考えられる。高機能自閉症児の場合，あいまいな状況設定を避けて見通しを立てさせたり，周囲の児童のかかわり方を変化させたりすることによって問題が解決することが多い。事例2-8でも周囲のかかわり方を変容させたことにより，再びG君がクラスに受け入れられるようになったのである。

◆ 障害の自己理解とカミングアウト

　さて，事例2-8では担任教師がクラスの児童にG君の高機能自閉症という障害について説明することになった。これは障害の**カミングアウト**と呼ばれるものだが，ここでも問題が生じることが多い。1つは，そもそもクラス担任が高機能自閉症という障害をどの程度理解しているのかである。具体的にほかの児童にどう

やって伝えるのかという方法論は別としても，実情として，高機能自閉症のことを深く理解している教師はまだまだ少なく，保護者から聞いたことをそのままクラスの児童に伝えるのみの説明になることがある。あやふやな説明を受けたクラスの児童は，なんとなく触れてはいけないものとして受けとめ，結果として自閉症児を阻害することが助長されてしまうことすらある。

　もう1つの問題は，本人が自閉症という障害をどのように理解しているのか，という**障害の自己理解**や**障害告知**に関する問題である。クラスの児童にカミングアウトするということは，必然的に本人が自身の障害について認識していることが前提であろう。もし本人に自身の障害のことを告知していない場合はカミングアウトすべきではない。この場合は，本人に障害のことを告知すべきか，告知する場合はどのような伝え方にするのかを慎重に検討しなければならない。実際，小学校の4年生程度になると自分とほかの子どもたちとの違いに気づくようになる子どもが多く，保護者に自分自身のことを尋ねるようになる。その際に，周囲の大人が丁寧かつ慎重に伝えなければ，子どもの自己イメージに大きなダメージを与えることになる（第12章参照）。

◈ 周囲の無理解から生じる二次障害

　次の事例は，事例2-8とは異なり，担任教師の無理解および不適切な対応の結果，不登校状態に至った事例である。

事例2-9　高機能自閉症女児（5年生）Hさん

　Hさんは小学校2年生の時に高機能自閉症の診断を受けた。1年生の時は毎日学校へ通っていたが，2年生の時に登校をしぶるようになった。もともと保育園の頃から友人との間にトラ

第2章　発達の経過

ブルが頻繁に起きていたこともあったが，登校しぶりを契機に医療機関を受診。高機能自閉症の診断を受ける。母親は思いもかけない診断に驚いたが，医師からの説明を聞き，小さい時からこだわり（靴下を履くのを嫌がった，偏食がひどかった）や感情の起伏が激しかったことなどを思い出し納得した。診断を受けたあと，すぐに担任教師に相談したが，担任教師は「私は専門家ではないので，よくわからない」「病気なら病院で治療してもらってください」と言うばかりで，何の対応もとられることがなかった。3年生になり担任が替わり，Hさんに対して視覚的刺激を使いながらわかりやすく教える，失敗しても叱責しないといった対応がとられるようになり，登校しぶりはおさまった。4年生の時は3年生の担任が持ち上がってくれたが，5年進級時にクラス替えがあり担任も替わった。5年時の担任に保護者が自閉症のことを伝えると「障害をもっているのなら，社会の荒波に耐えるために厳しくやっていかないといけません」と担任に主張され，Hさんに合わせた対応は行われず，逆に課題の量が増やされ，失敗に関しても叱責されることが多くなった。その結果，再び登校しぶりが生じたため，保護者が担任に課題の量を減らすよう相談したが「そんなことだから，よけいに甘えることを覚えます」と取り合ってくれなかった。その結果，不登校状態が続くようになり，保護者は転校を考えるようになった。

　この事例のように，周囲の不適切なかかわりが不登校を引き起こしたり，何らかの情緒障害をもたらすことがある。これを自閉症の特性から生じる障害とは区別して**二次障害**と呼ぶ。二次障害の原因となるのは，担任教師の不適切なかかわりばかりではなく，ほかの児童やほかの教師，時には保護者の不適切なかかわりが原

因となることもある。多くの場合は，原因となるかかわり手が特定されることはなく，幼少期からさまざまな場面で積み重なった不適切なかかわりの結果として生じるものと考えられる。**事例2-9** のHさんはその後，発達障害者支援センターの介入によって転校はせず，地域の中学校に進学することができた。

3 思春期における特徴
「自尊心」の大きな転換点

中学校入学頃と前後して，思春期と呼ばれる時期に突入する。思春期は第二次性徴の始まりに象徴されるように，身体の変化に相まって自己イメージに大きな変化が芽生える時期である。定型発達の子どもでも思春期は非常に不安定になりやすく，さまざまな情緒障害，心身症，自殺の増加などが問題になる。ここでは高機能自閉症児に生じやすい思春期の問題について紹介しよう。

◆ 二次障害からくる問題

幼少期から不適切なかかわりが積み重なることで生じる二次障害は，思春期に「爆発する」ように生じることが多い。発達障害児に最も多い二次障害は**抑うつ的症状**，**引きこもり**，**不登校**であるが，**家庭内暴力**や**自傷行為**などが起こることもある。特に高機能自閉症の場合，これらの二次障害が生じてからはじめて周囲が障害の存在に気づくことがある。学業に著しい問題がない場合は障害が見過ごされやすく，失敗に対して叱責することを周囲が繰り返すため，二次障害が引き起こされてしまう。

特に中学校に入ると教科担任制になるため，教師からの評価が教科の成績に頼ったものになりやすい。興味関心が限定される高機能自閉症の場合，教科ごとの理解度が著しく異なることが多いため，教科担任によって評価が異なることが多い。小学校ではクラス担任がすべての教科を担当するので「○○君は〜は苦手だけど〜は得意だ」という評価になりやすく叱責されることも少ないが，中学校では厳しく評価されてしまう。

　さらに高校進学・大学進学というプレッシャーが本人に大きくのしかかる。もともと自閉症児は見通しをもつことが苦手なため，将来の進路を自分で選択することが難しい。将来像をどのようにイメージするのかが難しいため，受験に際しても保護者や学校の教師のすすめに従ってしまうことも多い。その結果，自分の適性とは異なる進路を選択し，進路先で不適応を起こしてしまうこともある。これもある意味では周囲の無理解から生じた二次障害であると考えられよう。

◆ 発達障害と青少年犯罪との関連

　ところで，近年マスコミ誌上で発達障害と非行や少年犯罪の関連が問われる事例がいくつかあがっている。有名なものは2003年長崎市で起きた男児誘拐殺人事件（駿ちゃん事件）である。この事件の加害者は2003年9月の少年審判要旨が公表されたことでアスペルガー障害をかかえていることが公表された。それによりマスコミは一斉にアスペルガー障害ないしは広汎性発達障害と少年犯罪の関連を報告し始め，発達障害に対する世論のイメージが著しく損なわれた。

　誤解を恐れずに書くが，**発達障害そのものが原因となり非行や犯**

罪に結びつくということはありえない。確かに公判でつまびらかにされたように、高機能自閉症児がその障害ゆえに他者の気持ちや感情を読み取ることができず被害感を強めた結果、犯罪行為に至ってしまうことはあるかもしれない。しかしながら、上述した事件の加害者を含め**犯罪事例の大半は未診断例**であり、犯罪行為に至った後に診断を受けている。したがって、障害を気づかれないまま周囲の不適切なかかわりを受け続けてきた可能性が高く、そのことが犯罪行為へと至らせた原因の本質であるといわざるをえないのである。そもそも、少年鑑別所全体における広汎性発達障害の有病率はおよそ0.3％（車谷, 2006）であり、一般人口における広汎性発達障害の有病率1％弱よりも低い。すなわち広汎性発達障害児は一般人よりも非行や犯罪を犯すとはいえないし、むしろ犯さない、といえることを読者には強く理解いただきたい。

◈ 異性への関心の芽生え

さて思春期はその名が示すように、異性への関心が芽生える時期である。他者への興味関心が乏しいといわれる自閉症児・者であっても、人間そのものに対する興味がまったくないわけではない。したがって**恋愛感情**といったような、私たちが抱くのと同様に**異性への関心**も当然芽生えてくる。

しかしながら恋愛関係の成立もしくは維持となると、自閉症の特徴である対人関係の障害によってきわめて困難になるといわざるをえない。ここでは相手に対する恋愛感情をもちながらも、どのように表現したらよいかわからずに困ってしまう自閉症者の様子を紹介しよう。

> **事例2-10　高機能自閉症男子（高校1年）I君**
>
> 　I君は保育園年長時に自閉症の診断を受けたものの，小学校・中学校ともに通常の学級に在籍し，保護者から担任に自閉症の診断を受けている旨をあらかじめ伝えたが，クラスのほかの児童・生徒には自閉症のことはカミングアウトしなかった。その代わり担任が対人関係面でのフォローをすることで，大きなトラブルなく過ごすことができた。学業面も成績は良好で，高校は普通科に進学した。
>
> 　高校に進学した頃から，同じクラスの女子生徒のことが好きになり，仲良くなりたいという気持ちが強くなった。しかし，どうやって仲良くなればよいのかわからず，I君は非常にとまどってしまった。そこで以前マンガで読んだように，ラブレターを書いて渡すことにした。熟考したラブレターを女子生徒のロッカーに入れ，なんとか女子生徒に渡すことができた。ラブレターを開いた女子生徒は読んで驚いた。そこには「僕はゲームが好きです。僕はハンバーグとカレーが好きです。僕は野菜が嫌いです。テレビ番組では……」と自分の好きなものや嫌いなものが列挙されているだけで，愛のことばなどはまったく書かれていなかったのである。その結果，I君は気味悪がられるようになり，また女子生徒の話を聞いたクラスのほかの生徒もI君のことを避けるようになっていった。

　この事例を読んで，読者の方は不思議に思ったかもしれない。なぜI君は自分の好きなものや嫌いなものを列挙しただけの手紙を渡したのだろうか。そもそも"今どきラブレターなんて……メールにすればいいのに"と思う方もいるだろう。

　I君はどうやって自分の気持ちを表現してよいかわからず，その答えを以前読んだマンガに求めたのである。そのため，今どき

のやり方ではなく，古典的なラブレターを渡すという方法をとった。しかし，ラブレターの内容をどのように書けばよいのかわからなかったのである。そこで別の本を参考にしたところ，そこにはこう書かれてあった。「恋愛とはお互いを理解することである」。

このように高機能自閉症者も恋愛感情は抱くのだが，その表現方法がわからなかったり，また極端な表現をするため，恋愛関係を成立させたり維持することが困難になる場合がある。しかしながら高機能自閉症者であっても，最終的に恋愛を経て結婚し，家庭をもつようになる事例は非常に多い。その場合，パートナーが高機能自閉症者のもつプラスの面を評価し，高機能自閉症の特性をその人の個性と認めることが大事なようである。パートナーが自閉症をもつ人が苦手とする共感を求めたり，多くの情緒的な支えを求めたりする場合は，うまくいかないことが多い。

4 青年期・成人期における特徴
社会のなかで生きる

高校を卒業する頃になると，進路をどのように選択するかで問題が生じるようになる。自分の適性をよく理解し，将来を見据えた**進路選択**をすることを求められるが，自閉症者にとっては大きな問題が生じやすい時期となる。自分自身の特性を理解することが難しかったり，また保護者などの周囲に自らの希望を主張することが難しかったりすることにより，進路選択に失敗する自閉症者は相当数いると推測される。また，就職して社会に出た後も，職場での人間関係などに困難を示し，**うつ的症状**や**精神障害**と診

断される人も多い。そのような人のなかには,青年期・成人期になってようやく周囲が本人の障害に気づき,精神科受診をきっかけにはじめて自閉症の診断を受ける人もいる。ここでは,そうした進路選択の問題と絡めて青年期・成人期における高機能自閉症者の特徴をみていこう。

◈ 大学・専門学校への進学

　近年,大学全入時代（日本全国の入学希望者総数が全大学の入学定員総数を下回る状況）の問題と相まって,多くの発達障害をかかえる人が大学に入学するようになっている。その結果,多くの大学で発達障害をもつ学生に対する支援が必要な状況になっている。

　ところが多くの大学教員・職員は高機能自閉症やLD, ADHDなど発達障害に関する知識がないため,発達障害をもつ学生のことを「変わった学生」とだけ認識し,特に支援はなされないことがほとんどである。高校の時までとは違い,大学ではカリキュラム編成や出席日数,取得単位の管理まで自己責任で行われるため,多くの発達障害をかかえる学生は高校生活までとの違いにとまどうことが多い。さらに高機能自閉症の場合,周囲の学生や教員との対人関係をうまくとることができずに不適応を引き起こすことも多い。

　大学の場合,発達障害をかかえる学生に対する支援は主に**学生相談室（センター）**によって行われることが多い。佐藤・徳永(2006)の調査によると,発達障害をかかえる学生の相談件数はかなり多く,そのなかでも対人関係面に困難をかかえやすい高機能自閉症がLD, ADHDなどほかの発達障害に比べて最も多いこ

とが示されている。また，こうした学生相談室による支援は主に対人関係や生活面での支援が中心であり，授業上の支援や試験・評価に対する支援などは少ないことが示されている。大学内での支援体制の確立や教職員に対する発達障害に関する理解の啓発が今後の課題であろう（海外での取り組みについては Column ⑤「発達障害学生支援」も参照）。

◈ 就職や職場での人間関係の形成

　就職や職業選択も，多くの高機能自閉症者にとって大きなハードルである。職業選択は自閉症者のもつ特性を考慮しながら進める必要があるが，少なからず自閉症者の適性と本人の希望がかけ離れてしまっている場合も見受けられる。例えば，対人関係面での困難をかかえやすい自閉症者の場合，対人援助職であるサービス業や教師，医師，看護婦などの職業は困難なことが多く，逆に技術職であるエンジニアや工具，もしくは得意な専門的分野を活かした研究職などが向いていることが多い。

　しかしながら，高機能自閉症者にとって技術職や研究職などは将来の職業としてイメージしにくい。なぜなら，技術職や研究職に実際に就いている人と実際に会う機会はほとんどないからである。自閉症者がイメージしやすいのは，それまでに自身が出会った経験のある対人援助職の人たちである場合が多い。そのため，苦手なコミュニケーション能力を必要とする対人援助職をあえて目指す人も多いのである。

　さらに実際に職業に就いた後にも，さまざまな面で困難を示すことが多い。それまで「教える―教えられる」関係であった学校生活から「一緒に働く」という仕事関係へと移行することは，高

機能自閉症者には大きなとまどいとなる。学校生活は教師の指示を受け行動する場面が多いため、自分が何をすればよいのかがわかりやすく、高機能自閉症者にとっては比較的適応しやすい場面といえる。しかし職場では、上司が事細かに指示を出すわけではないため、自閉症者は何をしてよいのかわからずに失敗することが多い。それにより叱責されることも多く、そうした経験が積み重なることによって「自分はダメな人間だ」と自尊心を大きく傷つけてしまうこともある。場合によっては、う・つ・的症状を示し、精神障害的様相を呈することもある。

この時点でいまだ障害の診断を受けておらず、職場などでの人間関係からう・つ・的症状を示したことで精神科を受診し、そこではじめて高機能自閉症もしくはアスペルガー障害の診断を受ける事例も多い。そのような事例は幼少期からまったく支援を受けなかった人がほとんどで、二次障害の程度が著しく重度になっていることが多く、時には統合失調症的症状を呈する場合もあり精神科入院措置などがなされることもある。このような場合は精神医学的治療を施しながら、周囲の理解を促すなど環境を調整し、自閉症の障害特性である対人関係の問題について支援していく必要がある。

引用・参考文献

Adrien, J. L., Faure, M., Perrot, A., Hameury, L., Garreau, B., Barthélémy, C., & Sauvage, D. (1991) Autism and Family home movies: preliminary findings. *Journal of Autism and Developmental Disorders*, 21 (1), 43-51.

Baron-Cohen, S., Allen, J., & Gillberg, C. (1992) Can autism be detected at 18 months? The needle, the haystack, and the CHAT. *British Journal of Psychiatry*, 161, 839-843.

Baron-Cohen, S., Cox, A., Baird, G., Swettenham, J., Nightingale, N., Morgan, K., Drew, A., & Charman, T. (1996) Psychological markers in the detection of autism in infancy in a large population. *British Journal of Psychiatry*, 168, 158-63.

Baron-Cohen, S., Wheelwright, S., Cox, A., Baird, G., Charman, T., Swettenham, J., Drew, A., & Doehring, P. (2000) Early identification of autism by the Checklist for Autism in Toddlers (CHAT). *Journal of the Royal Society of Medicine*, 93, 521-525.

車谷隆宏（2006）「アスペルガー障害の非行事例」石川元編『アスペルガー症候群——歴史と現場から極める』至文堂

文部科学省（2002）「通常の学級に在籍する特別な教育的支援を必要とする児童生徒に関する全国実態調査」
http://www.mext.go.jp/b_menu/public/2002/021004c.htm

大神英裕（2008）『発達障害の早期支援——研究と実践を紡ぐ新しい地域連携』ミネルヴァ書房

佐藤克敏・徳永豊（2006）「高等教育機関における発達障害のある学生に対する支援の現状」『特殊教育学研究』44 (3), 157-163.

ウイング, L./久保紘章・佐々木正美・清水康夫監訳（1998）『自閉症スペクトル——親と専門家のためのガイドブック』東京書籍

第 3 章

認知の発達と内面世界

認知とは、さまざまな意味をもつが、一言でいえば、物事を「知ること」である。広義には、「知る」「注意する」「記憶する」「学ぶ」「判断する」「考える」などの働きが認知と定義される。第3章では、高機能自閉症における認知の特徴として、これまでの知見のなかで、代表的なものを取り上げ、彼らの内面世界を理解する手がかりとしたい。

1 心の理論

自分の心・他者の心を知る

◆「心の理論」とは

「心の理論」（theory of mind）とは、狭義には、「他者の意図や信念を推論する理論」のことをさす。心の状態は、直接は目で見て観察することができない。そのため、行動から推測するほかないが、その推測には一貫した規則の理解を必要とするため、「理論」と呼ばれている。現在は、「心の理論」を、「他者の心を理解する」という一般的な意味で使われる場合がある。しかし、本章では、概念が混乱するのを避けるために、上述の狭義の意味で「心の理論」という語を用いる。

「心の理論」とは、チンパンジーを対象にした研究から提起された（Premack & Woodruff, 1978）。プレマック（D. Premack）らは、チンパンジーが「あざむき」などの他者の心的状態を理解するような行動をとることに注目し、検討を行った。その結果、チンパンジーに「心の理論」があるという明確な結論は出なかった。しかし、この研究をきっかけに、霊長類学にとどまらず、哲学や発

達心理学などさまざまな領域で，心という目に見えないものを実証的に扱う機運が生まれた。例えば，「協力する」「思いやる」「相手の意図を理解する」「だます」「嘘をつく」「本音と建前を使い分ける」など，心的状態の理解を必要とするさまざまな行動を，「心の理論」研究のパラダイム上で，実証的・統一的に研究することができるようになった。

　自閉症の領域においても，1985年に，自閉症児は「心の理論」の獲得に障害をもつという「心の理論」障害仮説が提起された（Baron-Cohen et al., 1985）。それ以来，自閉症児における「心の理論」に関する研究が多く行われるようになった。1990年代，2000年代における自閉症の心理学研究は，この「心の理論」研究を中心に回ってきたといっても過言ではない。では，なぜ，自閉症研究において，「心の理論」研究がここまで広がったのだろうか。その背景には，赤木（2007）が指摘するように，いくつかの理由がある。

　1つめの理由は，自閉症児のさまざまな特徴的な行動を，「心の理論」の障害という点から統一的に説明できたことにある。「心の理論」障害仮説が出される以前は，自閉症の特徴は，言語の障害・象徴機能の障害・コミュニケーションの障害などバラバラに説明されるきらいにあった。そのような状況のなかで，さまざまな研究を統一的に扱える「心の理解」研究は，自閉症という障害の解明に近づける魅力をもっていた。

　2つめの理由は，「心の理論」を測定する課題が明快なところにある。「心の理論」を調べる代表的な課題として，**誤信念課題**がある。誤信念課題とは，**図3-1**に示されるような順序で実施される。

第3章　認知の発達と内面世界

図 3-1 誤信念課題（サリー・アン課題）

これはサリーです。サリーはカゴをもっています。	これはアンです。アンは箱をもっています。
サリーはビー玉をもっています。	サリーは，ビー玉を自分のカゴに入れました。
サリーは外に散歩に出かけました。	
	アンは，サリーのビー玉をカゴから出すと，自分の箱に入れました。
さて，サリーが帰ってきました。サリーは自分のビー玉で遊びたいと思いました。	サリーがビー玉を探すのは，どこでしょう？

（出所）フリス，2003, 2009 より作成。

（1）サリーがビー玉を自分のカゴに入れる。

（2）サリーが部屋を出ていったあとで，アンがビー玉を別の場所（自分の箱）に隠す。

（3）その後，サリーが部屋に戻ってくる。

（4）子どもに，「サリーはどこを探すでしょうか？」と尋ねる。

正解は，「サリーのカゴ」となる。この課題に正答するためには，「サリー」という「他者」の誤った信念を理解していなければならない。この課題が考案されたことで，「心の理論」という

ややあいまいな概念を明確に測定することができた。その結果,さまざまな立場から数多くの研究が行われるようになった。

◆「心の理論」の発達と障害

定型発達児の場合,「誤信念課題」は, 4 歳頃から通過する。つまり,「心の理論」は 4 歳頃から獲得される。一方,自閉症児の場合,発達年齢が 4 歳を超えても,この誤信念課題に通過しないことが明らかにされた (Baron-Cohen et al., 1985)。バロン゠コーエンは,このような事実をもとにして,図 3-2 のような「心の理論」の発達モデルを提示した (Baron-Cohen, 1995/1997)。

図 3-2 をもとに,このモデルについて説明する。ToMM (心の理論メカニズム) は,これまで述べてきた「心の理論」のことであり,通常 4 歳頃に獲得される。そして,その「心の理論」の発達を支えているのが, SAM (注意共有メカニズム) である。SAM は,通常 9, 10 カ月頃からみられる。自己と他者と対象の 3 つの項を一度に関係づけるようなメカニズムのことをいう。そして,SAM の発達につながっているのが, ID (意図検出器) と EDD (視線検出器) である。ID と EDD は,通常いずれも乳児期前半にはみられるとされる。

このモデルの特徴は,通常,乳児期前半にみられる ID と EDD には,自閉症児は困難がないが,生後 9, 10 カ月頃に獲得される SAM と通常 4 歳頃に獲得される「心の理論」の獲得に自閉症児は困難があることを明確に指摘した点にある。つまり,生後 9, 10 カ月頃の SAM に一次的に自閉症の困難があり,その結果として, 4 歳頃の「心の理論」の獲得に困難をもつという障害モデルを提起した点に特徴がある。

第 3 章 認知の発達と内面世界

図 3-2　「心の理論」の発達モデル

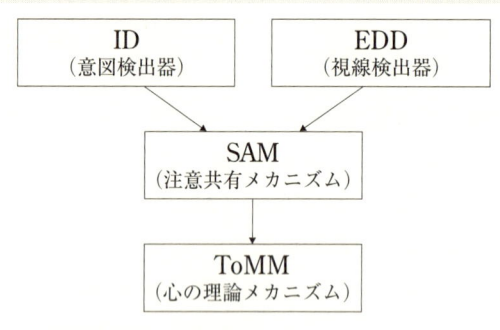

```
┌─────────────┐   ┌─────────────┐
│     ID      │   │    EDD      │
│ (意図検出器) │   │ (視線検出器) │
└──────┬──────┘   └──────┬──────┘
       │                 │
       └────────┬────────┘
                ▼
        ┌───────────────┐
        │     SAM       │
        │(注意共有メカニズム)│
        └───────┬───────┘
                ▼
        ┌───────────────┐
        │    ToMM       │
        │(心の理論メカニズム)│
        └───────────────┘
```

（出所）　Baron-Cohen, 1995 より筆者作成。

ここでは，特に「心の理論」の獲得の基盤となる SAM について説明する。ただし，現在は，SAM とほぼ同じ意味で使用される**共同注意**のほうが一般的となっている。そこで，共同注意について説明する。共同注意とは，話しことばを獲得する以前の重要なコミュニケーションの1つであり，子どもと大人が同じものを見る行動を指す。例えば，子どもが犬を見たとする。9, 10 カ月を過ぎると，犬を指さし，そして，その指さしのあとにお母さんを見るようになる（図 3-3 参照）。重要な点は，単純に犬を指さすだけでなく，同時に母のほうも見ているところにある。このことは，他者も自分と同様に同じもの（ここでは犬）を見ているということを子どもが理解できていることを示している。

バロン＝コーエンが指摘するように，自閉症児は，この共同注意に困難を示すことが，多くの研究や実践から報告されている（別府, 2001）。例えば，自閉症の子どもが，動いている電車に興味をもったとしても，その興味を親や保育士などと共有しないことなどがあげられる。

図3-3 子どもが共同注意を示している様子

このように自閉症における「心の理論」障害仮説は，自閉症の心理学的研究を進めていくうえで，重要な提起となった。

◈「心の理論」からみえてくる高機能自閉症児の姿

「心の理論」の研究を知ることで，高機能自閉症児の姿についても，新たな一面がみえてくる。例えば，次の事例から考えてみよう。

> 事例3-1　独特の発言をするアキさん
>
> 　中学1年生の時に保健室登校になったアキさん。これまで通常学級に通っており，知的な遅れはなかった。戦国時代の歴史やハングルが大好きで，自らラジオ番組で勉強している。相談の際に，「最近おもしろいことは？」と私が尋ねると，彼女の答えは「タリバン情勢」。当時はアフガン戦争が勃発した時期で，ニュースや新聞はその報道一色だった。彼女は情報を事細かに覚えており，「昨日は○○で戦いがあって，××人がケガをした」と話す。戦争は障害者をつくりだすものであり，決し

第3章　認知の発達と内面世界

> て許せないものである。しかし、そういうケガ人や死傷者の話をしながら、彼女は時々横を向いてクックッと笑った（別府ほか, 2005を一部改変）。

　一見すると、アキさんは、戦争でケガ人や死傷者が出たことについて喜んでいるようにみえる。しかも、戦争の内容を詳細に覚えているために、攻撃性が突出しているかのようにさえ思える。しかし、「心の理論」の獲得の困難さをふまえれば、彼女の別の姿がみえてくる。別府（別府ほか, 2005）によれば、アキさんは、「アフガン戦争」→「タリバン」→「タリバンの指導者オマル」→「トイレのオマル」と連想して喜んでいたのだという。しかし、「自分の発言が、他者にはどのように映るのか」といった他者の心の理解が難しいために、このような発言を相談の時にしたのだろう。決して、アキさんは、ケガ人や死傷者が出て喜んでいるというわけではない。

　このように「心の理解」という視点をふまえた理解ができれば、支援のあり方も変わる。例えば、ことばかけ1つとってみても、「戦争やケガで笑ってはいけません」というような注意ではなく、「オマルがおもしろかったのね。でも、ほかの人が聞いている前では、あなたが戦争のことで喜んでいると思われるから、みんなの前では話すのをやめましょうね」と変えることができる。

◆「心の理論」研究への批判

　「心の理論」障害仮説は、自閉症の解明や実践を行ううえで、意義をもつ。しかし、注目されるがゆえに、さまざまな批判も出されている。「心の理論」研究に対する批判は、表3-1のように

表 3-1 「心の理論」研究への批判とその批判に応える研究テーマ

批判	自閉症児は「心の理論」が獲得できないのか？	「心の理論」で自閉症の障害を包括的に説明できるのか？	「心の理論」や共同注意以前の発達に，障害はないのか？
研究テーマ	高次の「心の理論」	実行機能，全体的統合	無意識の認知，感覚過敏・鈍磨

大きくは以下の3点にまとめることができる。

1つめは，「心の理論」障害仮説の妥当性についての批判である。自閉症児が，誤信念課題など「心の理論」を測定する課題の遂行に困難をもつのは事実である。しかし，それが「欠損」(deficit)と呼ばれるほど絶対的な困難であるのかについては，議論の余地がある。なぜなら，バロン゠コーエンが，最初に発表した論文のなかでは，20％の自閉症児が，誤信念課題を通過していたからだ（Baron-Cohen et al., 1985）。

2つめは，「心の理論」が自閉症の障害のすべてを包括的に説明できるのかという批判である。「心の理論」という概念は，確かに自閉症の障害特徴の多くを説明しているようにみえる。しかし，自閉症の特徴の1つであるこだわりなどの行動については，「心の理論」障害仮説では，納得のいく説明が難しい。また，**感覚過敏**など自閉症によく指摘される特徴についても，「心の理論」では明確に説明できない。

3つめは，「心の理論」の起源についての批判である。バロン゠コーエンは，自閉症の障害の一次的な困難は，SAM，すなわち共同注意にあるとした。しかし，共同注意行動以前の発達に，本当に障害はないのだろうか。自閉症が，脳の機能不全による生

得的な発達障害であることをふまえれば、当然、生後9,10カ月以前の初期発達に障害があると考えても、不思議ではない。

ここからは、以上の3つの批判に応えるかたちで行われてきたさまざまな研究トピックの知見について解説する。

2 高次の「心の理論」
複雑な他者の心を理解する

少数ではあるが、自閉症児が「心の理論」課題を通過することは、バロン＝コーエン以外の研究でも指摘されるようになった (Bowler, 1992)。そこで、ハッペは、「心の理論」に関するこれまでの研究をまとめた (Happe, 1995)。すると、自閉症児においては、言語精神年齢がおよそ9歳を超えてくると、誤信念課題を通過することが明らかになった（図3-4参照）。このことは、自閉症児においても、「心の理論」は獲得不可能ではないことを意味する。少なくとも、定型発達児に比べると遅れはするものの、言語使用能力の発達に伴い「心の理論」を獲得できることから、「自閉症は『心の理論』に欠損がある」とはいいきれない。

このように自閉症においては「心の理論」は根本的な障害ではないという批判に対して、バロン＝コーエンらは、より高次の「心の理論」課題を考案した。二次信念課題と呼ばれるものである。二次信念課題とは、「他者の心を表象する別の他者の心が理解できる」のかについて測定するものである。わかりやすくいえば、誤信念課題が「他者の心を理解する」能力を調べているのに対して、二次信念課題では、「他者の心をイメージしているさら

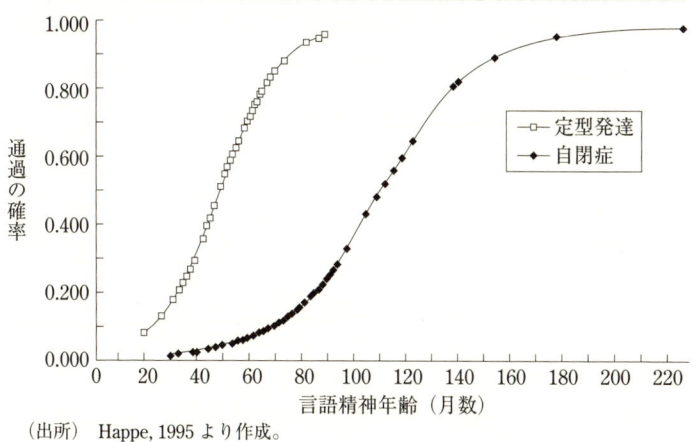

図 3-4 言語使用能力と誤信念課題通過との関係

(出所) Happe, 1995 より作成。

に別の他者の心（信念）を理解する」能力を調べているといえる。定型発達児の場合は，児童期中期から可能になるとされている（子安, 1997）。一方，高機能自閉症児は，この二次信念課題を通過することが困難なことが明らかにされている。この結果をもとに，バロン゠コーエンらは，自閉症には「心の理論」が中核的な障害であると主張している。

3　実 行 機 能

物事を順序だてて進める

◆「心の理論」の批判と実行機能

「心の理論」は，自閉症児における対人関係の困難を説明するには，適切な概念である。その一方，自閉症の診断基準の1つで

あるこだわりなどの非対人的な認知の障害を説明できない。その点，非対人的な認知の特徴を理解する有用な概念が，**実行機能**（executive function）である。実行機能とは，「将来の目標に向かって，適切な問題解決の態度を持続させる能力」（太田, 2003）と定義される。ただし，実行機能が具体的にどのような能力をさすのかについては，まだ定まっていない。そこで，ここでは，特に，実行機能の代表的な能力とされる**セットの変更**と**プランニング**について説明する。

セットの変更（set shifting）とは，問題解決場面における認知的柔軟性を意味する。代表的な課題に，**ウィスコンシンカード分類テスト**（以下，WSCT）がある。このテストは，色（赤・黄・緑・青）と形（三角・星・十字・円），数（1から4）の組み合わせからなるカードを用いる。実験協力者は，色・形・数のどれかの分類カテゴリーを選択するように求められる。そして，正反応が続いた後に，予告なく，一定のルールに従ってカテゴリー基準を変更する。そのようななかで，できるだけ早くカテゴリーの変更を予想して，そのカテゴリーに合うカードを選択できるかを問うものである。

プランニング（planning）とは，課題達成のために目標をイメージしながら，一連の行為を計画的に遂行する能力のことである。平易にいえば，「だんどり」をつけて，進めていく能力といってよいだろう。プランニング能力を測定する代表的な課題として，**ハノイの塔課題**があげられる。この課題は，図3-5のように，A・B・Cの3つの棒があり，Aにある複数の輪を，Cの棒にまで，できるだけ少ない回数で移動させる課題である。ただし，一度に動かせるのは，1つの輪だけであり，かつ，小さい輪の上に大き

図 3-5　ハノイの塔

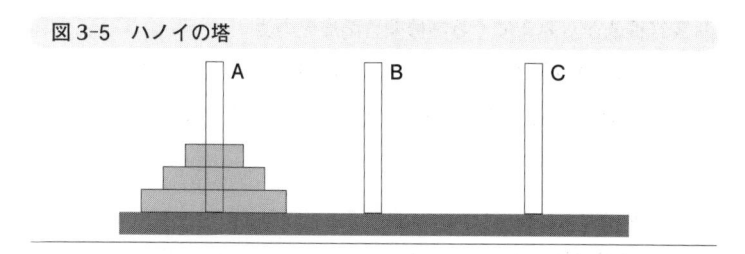

い輪を置いてはいけないというルールがある。

　高機能自閉症児を対象に，WSCT やハノイの塔などのプランニング課題を実施したいくつかの研究は，定型発達児に比べると，困難がみられることが明らかにされている。太田（2003）によれば，自閉症の実行機能を扱った 31 の研究のうち 22（73.3％）の研究で，自閉症児に実行機能の障害が認められたとしている。

　例えば，高機能自閉症，ADHD，トゥレット症候群，定型発達それぞれの群で，WSCT やハノイの塔課題などを実施したところ，高機能自閉症児群は，他の群に比べて，WSCT やハノイの塔課題の遂行について困難が認められた（Ozonoff & Jensen, 1999）。このことから，「心の理論」では説明がつかない非対人的な側面にも困難があることが明らかになったといえる。

　ただし，実行機能の障害は，自閉症だけでなく，ADHD や高次脳機能障害のある子どもたちにもみられることが報告されている。また，自閉症幼児では，実行機能に障害がみられないことが明らかになっている（Griffith et al., 1999）。そのため，実行機能の障害は自閉症における中核的なものではないと主張する研究者もいる。

第 3 章　認知の発達と内面世界

◆ **実行機能からみえてくる高機能自閉症児の姿**

実行機能の特徴を学ぶことで、高機能自閉症児の姿についても、新たな一面がみえてくる。例えば、次のような事例から考えてみよう。

> 事例3-2　毎日同じ行動を繰り返すミツヤス君
>
> 高機能自閉症と診断されている4歳のミツヤス君。すでにすべてのひらがなを読めるなど、知的には高い。幼稚園の年少児クラスに在籍している。ミツヤス君は、幼稚園に来ると、毎日、同じ行動をとる。朝、門をくぐると、門の近くにある木を3回さわり、次に、おカバンと靴を自分の靴箱の中に入れる。そして、そのまま、運動場に出て行く。そして、運動場ではまず、ブランコに乗る。その時、先にブランコで遊んでいる子どもがいれば無理にどかして、ブランコに乗る。次に、すべり台を2回してから、教室に入ってくる。先生が何度も、「すぐに教室に入りなさい」と言っても聞くことがない。

このように自分の行動を毎日順番通りにする姿は、「こだわり」という見方で片づけられる傾向にある。確かにこだわりの1つである。しかし、その一方で、こだわりという一言で片づけてしまうと、なぜその行動にこだわるのかという自閉症児の内面世界への理解を閉ざすことになる。今回のミツヤス君の行動は、実行機能の障害として理解することができる。ある1つのパターンが決まってしまうと、WSCTであったように、違うパターンに変更することが難しくなってしまうからだ。家から学校までの道順がいったん決まると、その道順を変更することができない自閉症の子どもも実行機能の障害のあらわれとして理解できる。

このように実行機能の特徴をふまえた理解ができれば、支援の

あり方も変わる。例えば，ミツヤス君に対して，「すぐに教室に入りなさい」と繰り返し注意するのではなく，門に入ってくる前にあらかじめ，「1. ○○をする。2. ××をする。3. □□をする」などと字や絵カードで順番を示して，少しでもパターンの変更を受け入れやすくするような支援が考えられる。

4 全体的統合
木を見ずに森を見る

全体的統合（central coherence）とは，物事の全体的な意味をつかもうとする認知的傾向のことをさす。定型発達児は，情報を部分部分でみるよりも，全体としてとらえる傾向が強い。ハッペは，自閉症児の場合，逆に全体よりも部分に注目するような傾向が強いとし，それが一次的な障害であると主張した（Happe, 1995）。この考えは，「**弱い全体的統合**」（weak central coherence）仮説と呼ばれる。この仮説をわかりやすくいえば，定型発達児は，「木を見ずに森を見る」傾向が強いのに対し，自閉症児は「木を見て森を見ない」傾向が強いということである（Frith, 2003/2009）。

このような認知の特徴は，WISC-Ⅲという知能検査の下位項目である積み木模様構成課題を用いた研究から明らかになっている。積み木模様構成課題とは，図3-6に示すように，いくつかの模様積み木を組み合わせて1つの模様をつくるものである。この課題に成功するためには，与えられた模様を分割して認知する必要がある。

この積み木模様構成課題を用いて，弱い全体的統合仮説を検討

図3-6 積み木模様構成課題

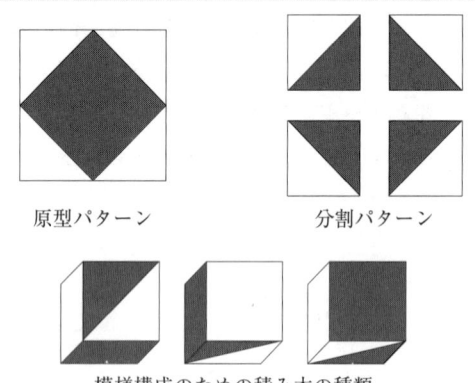

原型パターン　　　　　　分割パターン

模様構成のための積み木の種類

（出所）Frith, 2003, 2009.

した研究がある（Shah & Frith, 1993）。定型発達児や知的障害児は、図3-6の左上のように1つの模様として提示してから、この模様と同じものを再現するよりも、図3-6の右上4つの積み木を分けて提示したほうが、容易であった。一方、自閉症児の場合、提示の仕方にとって、成績に違いはみられなかった。

定型発達児にとって、分割せずに1つの模様として提示されると構成が困難になるのは、模様を全体としてとらえてしまうために、分割して考えることに負荷がかかってしまうからである。一方、自閉症児は、全体として認知する傾向が弱く、逆に部分として認知する傾向が強いために、どちらの提示の仕方においても差がなかったと考えられる。

◆ 弱い全体的統合仮説からみえてくる高機能自閉症児の姿

弱い全体的統合仮説の特徴を学ぶことで、高機能自閉症児の姿

についても，新たな一面がみえてくる。例えば，次のような事例から考えてみよう。

> **事例 3-3　マンガの同じ場面ばかりを読むヒロオ君**
> 　通常学級で学んでいる小学 3 年生のヒロオ君。正式な診断は受けていないが，スクールカウンセラーから，高機能自閉症の疑いがあると指摘されている。成績はいいが，友人は，ほとんどおらず，休憩時間は 1 人でいることが多い。そんなヒロオ君について，担任の先生から筆者に対して相談があった。「すごく気になるわけではないが…」と前置きしながら，先生は次のように話された。「休憩時間に 1 人で，いつも教室にあるマンガを読んでいる。それも，同じマンガの同じ箇所を繰り返し読んでいる。そこだけ読んでもおもしろくないと思うのだが，ヒロオ君は何度も 1 人でブツブツ笑みを浮かべながら読んでいる。特に問題というわけではないのだが……」。

「弱い全体的統合」仮説は，視覚的な領域だけに限らず，ヒロオ君の姿のように，さまざまな日常生活でみられる。ヒロオ君は，特に誰かを攻撃するなどの問題行動を起こしているわけではない。しかし，この先生が言われるように，私たちにとっては非常に理解し難い行動に感じる。なぜなら，それらの行動の意味がわからないからだ。通常，私たちは，本を読む時は，ストーリーを理解して楽しむ。当然そこには意味の理解がある。しかし，ヒロオ君の場合，同じ特定の箇所だけを繰り返して読んでいる。おそらく，その時の登場人物のフレーズや特徴的である表情が気に入り，何度も繰り返し確認して楽しんでいるのだろう。ヒロオ君の行動は，私たちには理解しがたい部分もあるが，自閉症児の「木を見て森を見ない」傾向をふまえれば，理解できるものである。

このように「理解できない」から,「(自分には理解できないけれど)ヒロオ君の行動の理由は理解できる」と視点を変えることで,私たちのヒロオ君に対するかかわりは変化するだろう。例えば,「そんなことは,みっともないから,やめなさい」と一方的に声をかけるのではなく,「どの台詞が,気に入っているの?」と,彼とつながるような声かけをすることができるだろう。

5　エナクティブ・マインド
無意識の認知

◆「心の理論」への批判と無意識への注目

　高機能自閉症児は,定型発達児に比べると,獲得時期と獲得プロセスが異なるものの,「心の理論」を獲得することが明らかになっている。しかし,この結果については,批判が出されている。「心の理論」を測定する課題は日常場面での社会性を反映していないという批判である。「心の理論」課題を通過したにもかかわらず,日常生活で困難をかかえている高機能自閉症児・者は多い。この事実は,実験的な場面,つまり,高機能自閉症児・者が意識的に思考できる場面では,自閉症の障害を説明しにくいことを意味する。そのため,高機能自閉症児・者が意識できない認知,すなわち無意識での認知の特徴を明らかにする必要がある。

◆ 無意識の認知

　映画を高機能自閉症者と定型発達者に提示し,その時の視線の動きを分析した研究がある (Klin et al., 2003)。すると,興味深い

図 3-7 映画を提示したときの定型発達者の視線の動き（白線）と自閉症者の視線の動き（黒線）

(出所) Klin et al., 2003 より作成。

ことがわかった。定型発達者は，登場人物の目を見ていたのに対し，高機能自閉症者は，登場人物の口を見ることが多かったのである（図3-7参照）。また，高機能自閉症者は，登場人物が指さした先を正確に読み取れず，独特の視線の動きがみられた。これらの結果からクリンたちは，自閉症の障害の根幹は「心の理論」のような認知的な要因にあるのではなく，意識下の情報処理として定型発達者が生得的にもつ「人への指向性」が弱いのではないかと主張し，「**エナクティブ・マインド**」（enactive mind）といわれる新しい仮説を提唱している（Klin et al., 2003）。

また，この研究とは別の角度から無意識の問題を扱ったものがある。別府・野村（2005）は，「心の理論」の獲得プロセスに注目するなかで，直感的理解と呼ばれる無意識のはたらきについて検討している。別府らは，誤信念課題において，定型発達児や高機能自閉症児が答えを選択した際に，「なぜそちらを選んだのか」という理由を求めた。すると，定型発達児の場合は，いわば「な

んとなく」他者の心を直感的に理解しながら「心の理論」を獲得していくのに対し，高機能自閉症児の場合は，そのような直感的な理解を欠いたまま，論理的に相手の心を理解することで「心の理論」を獲得することがわかった。この結果から，別府・野村（2005）は，高機能自閉症児においては，定型発達児とは異なるプロセスで「心の理論」を獲得しているのではないかと指摘している。

◈ 無意識の認知からみえてくる高機能自閉症児の姿

このような意識化できない認知の特徴をふまえると，高機能自閉症児の姿は，どのようにみえてくるのだろうか。

> 事例3-4　場の雰囲気を読みにくいカツヤ君
>
> 　小学校入学時に高機能自閉症と診断された小学3年生のカツヤ君。知的には高く，3年生の時点で，誤信念課題も通過している。魚に興味をもっており，いつも魚の図鑑を読んでいる。同じマスでも背びれの形によってその種類が違うことなどを先生に話すのが日課となっている。さて，私がカツヤ君のいるクラスに行った時のことだ。カツヤ君の隣に座って，授業を見学していた。授業は，自習に近い形態で各自本を読む時間であり，本を静かに読んでいる子どももいれば，隣同士でしゃべっている子どももいた。先生も特に注意することはなかった。
>
> 　魚の本をブツブツ言いながら読んでいるカツヤ君に対して，私が，「その魚はなんていうの？」と話しかけると，途端に「今はしゃべってはいけない時間です」と口を尖らせて，私に注意をしてきた。

カツヤ君は，形式的には授業中は話してはいけないことをルー

ルとして理解している。その意味では，私に対する「しゃべってはいけない時間です」という彼の発言は正しい。しかし，この授業においては，自習であり，しゃべっていても先生は注意をしていない。先生は「しゃべってよい」とは言っていないので，はっきりとはわからない。ただ，子どもたちは先生の様子をみて，「なんとなく」話してもいいだろうという雰囲気を理解している。しかし，カツヤ君の場合は，このような「なんとなく」察することが非常に苦手で，形式的に「しゃべってはいけない」ことだけを理解していることがわかる。

　このような認知の特徴をふまえれば，高機能自閉症の子どもたちに「なんとなくわかってほしい」という直感的な理解を求めることは非常に難しいことがわかる。それよりも，具体的に場面の意味を伝えていくことが必要になる。

6　高機能自閉症児における感覚

　診断基準には含まれていないが，自閉症児においては，感覚が過敏であったり，反対に鈍感であったりすることが多い。知的障害のある自閉症児が，かかとをつけずに，つま先で歩いていたり，耳を手でふさぎながら行動している姿がみられることがある。運動会の時のピストルの音が原因でパニックを起こす子どももいる。また，みじん切りにしたニンジンを混ぜたハンバーグを知的障害のある自閉症幼児に出したところ，口の中でニンジンだけをより分けて吐き出すという味覚過敏を示したことも報告されている

(別府, 1997)。

　高機能自閉症児においても，感覚の過敏さや鈍感さがみられる。高機能自閉症である藤家は，対談の中で，雨が身体にあたると「1つの毛穴に針が何本も刺されるように」痛いと述べている(ニキ・藤家, 2004)。また，このような過敏さは触覚だけに限らない。藤家は，同じ著書の中で，「食べ物のにおいで調味料の割合がわかる」という嗅覚に過敏な姿を報告している。

　また，逆に感覚が鈍い場合があることについて，高機能自閉症当事者であるニキは，脚を組んでいる時には，どっちの脚が上か下かがわからなくなり，意識的に確かめる必要があると語っている(同上書)。

　高機能自閉症者についての特異的な感覚の特徴については，彼らの内的世界を理解する重要な手がかりになる。しかし，当事者による自伝では語られているものの，実際，どの程度の高機能自閉症者に共通してみられるのか，また，どのような感覚の過敏がみられるのかについて，体系的な研究はほとんど行われていない。

　このような状況のなかで，高橋・増渕(2008)は，わが国で高機能自閉症者・アスペルガー障害者の感覚の特徴について調査を行っている。彼らは，10代から50代の75人の高機能自閉症・アスペルガー症候群と診断された当事者を対象に質問紙調査を行った。その結果，前庭感覚・触覚・嗅覚・味覚・視覚などすべての領域にわたって，過敏さがあるなどの困難をかかえていることが明らかになった。例えば，「人に触られるのが大変苦手」の項目に33.3％の当事者がそうであると答えていたり，「突然の音にとても弱い」という聴覚過敏に関する項目に46.7％，「給食のにおいで気分がとても悪くなる」という嗅覚過敏に関する項目では

9.3%の当事者がそうであると答えていた。

　感覚過敏・鈍磨の原因や年齢による変化などについては，まだ明らかになっていない点も多いが，少なくとも，多くの高機能自閉症児が，定型発達児とは異なる感覚的な特徴をもっていることをおさえておく必要があるだろう。

◆ **感覚の特徴からみえてくる高機能自閉症者の姿**
　私が出会った高機能自閉症者のエピソードを紹介しよう。

> **事例3-5　味覚に過敏さをもつユウタさん**
> 　ユウタさんは，現在20代の男性である。21歳の時にはじめて，高機能自閉症の診断を受けた。現在は，自分の障害特性を自覚し，うまく対処しながら，働いている。そんなユウタさんは，外でご飯を食べるのが苦手だ。何が入っているのかがまったくわからないために，不安に陥ってしまうからだ。その点，ファストフードでの外食は安心だそうだ。なぜなら，どの店でも同じメニューであり，また，インターネットで調べれば，どのようなの食材が入っているかもわかるからだ。しかし，ユウタさんは，それでも1つ不安な点がある。同じチェーン店の同じメニュー（ハンバーガー）を頼んでも，店によって味が違うからである。

　私は，ユウタさんの話を聞いた時に，正直，非常に驚いた。同じハンバーガーでも，経営するチェーンによって違うというのであれば，まだ理解できなくもない。しかし，ユウタさんは，同じチェーン店の同じハンバーガーでも，店によって味が異なるというのである。この事実は，自閉症者の感覚の過敏さを知らせてくれると同時に，私たちは，自閉症者との感覚の違いを理解するこ

とが非常に困難であることも教えてくれる。社会性の障害というのは，定型発達児・者と自閉症児・者のトラブルというかたちであらわれるために理解しやすい。しかし，感覚の問題は，どうしても個人内の特徴であるために，問題がみえにくい。さらには，共通の身体をもっているという「錯覚」があるために，どうしても自閉症児・者の感覚の独自性を理解しにくい傾向があることを自覚する必要がある。

　このような感覚への理解をふまえれば，高機能自閉症の子どもの見方が変わる。例えば，高機能自閉症の子どもが，偏食のために，食事をなかなか食べないことがある。その時，私たちは「わがまま」ととらえ，食べるように繰り返し指導する。しかし，その偏食が，強い感覚過敏からきているとすれば，定型発達の子どもの「嫌い」とは質的に異なるきつい刺激を感じている可能性がある。そうであれば，食べるように指導する以前に，なぜ食べられないのかを尋ねることが可能になる。そして，その独特の感覚を理解したうえで次の対応を考える方向性が生まれてくる。

7　最後に

　近年の研究動向にもとづいて，高機能自閉症の認知に関する研究について説明してきた。自閉症の認知研究の成果を学ぶことは，耳慣れない用語が多いこともあって，簡単ではない。しかし，自閉症の子どもたちが，どのように外界を認知しているのかを知ることは，彼らの内面世界をとらえることにつながる。そして，そ

のことは，これまで私たちがもっていた常識的な自閉症の子ども理解を変え，実践の新たな方向性を切り開くことにつながるだろう。

引用・参考文献

赤木和重（2007）「発達，障害，進化が交差するものとしての自閉症――バロン＝コーエン『自閉症とマインドブラインドネス』」夏堀 睦・加藤弘通編『卒論・修論をはじめるための心理学理論ガイドブック』ナカニシヤ出版

赤木和重（2008）「乳児の意図理解の発達」加藤義信編『資料でわかる認知発達心理学入門』ひとなる書房

Baron-Cohen, S. (1995) *Mindblindness: An essay on autism and theory of mind.* MIT Press.（長野 敬・長畑正道・今野義孝訳〔1997〕『自閉症とマインド・ブラインドネス』青土社）

Baron-Cohen, S., Leslie, A. M., & Frith, U. (1985) Does the autistic child have a "theory of mind"? *Cognition*, 21, 37-46.

Bowler, D. M. (1992) "Theory of mind" in Asperger's syndrome. *Journal of Child Psychology and Psychiatry*, 33, 877-893.

別府哲（1997）『障害児の内面世界をさぐる』全国障害者問題研究会出版部

別府哲（2001）『自閉症幼児の他者理解』ナカニシヤ出版

別府哲・野村香代（2005）「高機能自閉症児は健常児と異なる『心の理論』をもつのか――『誤った信念』課題とその言語的理由付けにおける健常児との比較」『発達心理学研究』16, 257-264.

別府哲・奥住秀之・小渕隆司（2005）『自閉症スペクトラムの発達と理解』全国障害者問題研究会出版部

Frith, U. (2003) *AUTISM: Explaining the enigma*, 2nd ed. Blackwell Publishing.（冨田真紀・清水康夫・鈴木玲子訳〔2009〕『新訂 自閉症の謎を解き明かす』東京書籍）

Griffith, E. M., Pennington, B. F., Wehner, E. A., & Rogers, S. J. (1999) Executive functions in young children with autism. *Child Development*, 70, 817-832.

Happe, F. G. (1995) The role of age and verbal ability in the theory of mind task performance of subjects with autism. *Child Development*, 66, 843-855.

Klin, A., Jones, W., & Schultz, R. T. (2003) The enactive mind, from actions to cognition: Lessons from autism. *Philosophical Transactions of the Royal Society of London, Series B: Biological Sciences*, 358, 345-360.

子安増生（1997）『子どもが心を理解するとき』金子書房

ニキリンコ・藤家寛子（2004）『自閉っ子，こういう風にできてます！』花風社

太田昌孝（2003）「自閉症圏障害における実行機能」『自閉症と発達障害研究の進歩』7，3-25.

Ozonoff, S., & Jensen, J. (1999) Brief report: Specific executive function profiles in three neurodevelopmental disorders. *Journal of Autism and Developmental Disorders*, 29, 171-177.

Premack, D., & Woodruff, G. (1978) Does the chimpanzee have a theory of mind? *The Behavioral and Brain Sciences*, 4, 515-526.

Shah, A., & Frith, U. (1993) Why do autistic individuals show superior performance on the block design task? *Journal of Child Psychology and Psychiatry*, 34, 1351-1364.

高橋智・増渕美穂（2008）「アスペルガー症候群・高機能自閉症における『感覚過敏・鈍麻』の実態と支援に関する研究——本人へのニーズ調査から」『東京学芸大学紀要　総合教育科学系』59，287-310.

Column 1

高機能自閉症と脳科学

模倣学習から意図理解へ　表1-1のAの(1)(2)(3)で示された自閉症の3つの特徴の1つは，ことばによるコミュニケーションの障害であり，幼児期には言語発達の遅れがみられる。なぜ，自閉症児が3つの特徴を併せ持つのかは最大の謎といってもよいだろう。話しことばの獲得は，基本的に大人が発語している様子を観察して模倣する学習である。また，自閉症ではふり遊びが出現しにくい，特に他者の立場からのふり遊びをしないといわれる。レスリー（A. Leslie）は，3つの特徴のうちのもう1つである想像力の障害を重視した。模倣とは，他者の行為をまねることであるが，これは想像力の芽生えでもある。動作を模倣できることは，すなわちその到達点を理解していることを意味する。その到達点には動作者の意図が含まれていることから，身ぶりから他者の意図を理解する前提として，模倣には大きな発達的意義が含まれる。他者の動作を読めない自閉症児は，自分が落とした筆箱を拾おうとしている友達の意図がみえないのである。

ミラーニューロンのはたらき　イタリアの神経生理学者リゾラッティ（G. Rizzolatti）らは，サルの前頭前皮質の運動領野から神経活動を記録していた。その運動ニューロンが関与する手の運動（例えば，コップをつかむ）を他者が行っているのを見ている時に，見ている本人にも自分が動かしたのと同様の神経活動が起きることをみつけた。この運動領野は，前頭前皮質の後下部に位置しており，ヒトの左半球では運動性言語中枢といわれるブローカ野に相当するため，その役割として想定されるのが音声言語の習得である。自閉症では，なぜ言語の獲得とふり遊びの両方に困難があるのかという問いへの答えを導く鍵として注目されている。また，運動にかかわる神経回路が動作の解釈にも関係しているとも考えられている。これは，知覚の運動理論とも呼ばれる。実際，ヒトでは他者が食べ物をつかもうとするのを見ている時に観察者の口の筋肉に予期的な活動がみられるが，自閉症児ではこの活動がないのである。

第3章　認知の発達と内面世界

第4章

コミュニケーション発達と内面世界

第3章では高機能自閉症児の認知面に関する特性について述べた。そのなかで、自閉症に特有な認知面での偏りは「心の理論」などの対人関係面にも大きな影響を及ぼすことがおわかりになったと思う。第4章では、さらに自閉症の対人関係面に焦点をあてて、コミュニケーションの発達と高機能自閉症児に多くみられる特徴について考えていこう。

1　感情理解の発達
基礎的コミュニケーション能力の障害

◆ 自閉症児における表情理解の困難

　コミュニケーションは会話などの言語的側面のほかにジェスチャーや視線、対人距離などの非言語的な側面によっても成り立っている。コミュニケーション全体のなかにおける**非言語的コミュニケーション**の役割はかなり大きく、言語的なやりとりだけでは対人関係面でさまざまなトラブルが生じやすい。例えば、言語的には同じ文章であっても、口調や発言している時の表情などによっては大きく意味が変化する（例：「あなたが好きです」ということばは、真剣な表情をしながら言えば文字通りの意味だが、笑いながら言ったとすれば意味が異なってくる）。

　高機能自閉症児の場合、こうした非言語的コミュニケーションに対する理解が困難であることが知られており、そのなかでも最も基本的な非言語的コミュニケーションである**顔の表情に対する理解**が著しく困難であることが多くの研究で示されている。ホブソン（R. P. Hobson）は一連の実験研究で、自閉症児が顔の表情に

対する理解が困難であることを明らかにしている。ホブソンらは主に自閉症児・者と自閉症ではない知的障害児・者を比較して検討を行っており、被験児・者に対してさまざまな情動をあらわしている音声を順次聞かせ、それと見合う表情写真を6枚のなかから選択する課題を実施したところ、自閉症でない知的障害児・者に比べ自閉症児・者の成績は著しく悪かった（ホブソン, 2000）。

上記のホブソンらによる研究は、知的障害を伴う自閉症児・者を対象にしているが、高機能自閉症児・者を対象にした研究においても同様の知見が認められている。オゾノフら（Ozonoff, Pennington & Rogers, 1991）は高機能自閉症者および年齢と言語能力を一致させた統制群を対象に、異なる人物の表情写真を組み合わせる課題を行った。その結果、高機能自閉症者の成績は統制群より著しく低かったことを明らかにしている。日本においても高機能自閉症や知的障害を伴う自閉症児・者に対してさまざまな表情理解課題が行われており、いずれも自閉症児・者における表情理解の困難や偏りを見出している（菊池・古賀, 2001；神尾, 2004；若松, 1989）。

◆ なぜ自閉症児は表情理解が困難なのか

こうした自閉症児の**表情理解の困難**については、そもそもの人の顔の表情に対する基本的な認知にズレが生じているためと考えられている。例えばウィークスとホブソン（Weeks & Hobson, 1987）は自閉症児に対し顔写真16枚を分類する課題を実施した。写真には複数の分類基準があり、それぞれ性別や年齢、帽子の有無、表情の種類によって分類することができた。自閉症児15名と非自閉症児15名に対し「一緒だと思う」写真を分類するよう

に教示すると,非自閉症児は15人中10人が表情で分類したが,自閉症児は15人中3人しか表情で分類しなかった。したがって通常は表情が最も優先される分類基準なのだが,自閉症児は表情を優先して分類しない傾向にあるようである。

またホブソンらは表情写真を部分的に空白にした表情刺激を用いることで,自閉症児が顔のどこに着目しているかを調べた。顔の額や口の部分を隠した場合でも,通常はその情動の全体的な雰囲気は残るため表情がどのようなものかを判断することができる。しかしながら,自閉症児は隠された部位が多くなれば多くなるほど成績が下がることが見出された(図4-1)。したがって自閉症児の表情理解は通常とは異なり,額や口などの通常はあまり表情理解とは関係しない部位を手がかりにしていることが示唆された。さらにホブソンらは上下逆さまにした表情写真を呈示した場合,通常は正答率が有意に低下するものの,自閉症児はあまり正答率が下がらず,むしろ非自閉症児の統制群よりも高い正答率を示した(Hobson, Ouston & Lee, 1988)。

上記の研究結果をまとめると,どうやら自閉症児はそもそも顔の表情に対してあまり敏感ではないし,さらに通常とは異なる方略で表情を理解しているといえよう。そのため表情理解課題などを行うと,非自閉症児と比べると正答率が低くなるものと考えられる。こうした表情理解は他者とのコミュニケーションの基盤となるものであるから,表情理解に困難のある自閉症児が日常でどのような不都合をかかえているかは想像に難くない。相手の表情が読み取れなければ,相手の気持ちに寄り添った適切な行動はとれないし,時には相手の意に反した行動をとってしまうことがある。それにより,さまざまな対人関係上のトラブルに巻き込まれ

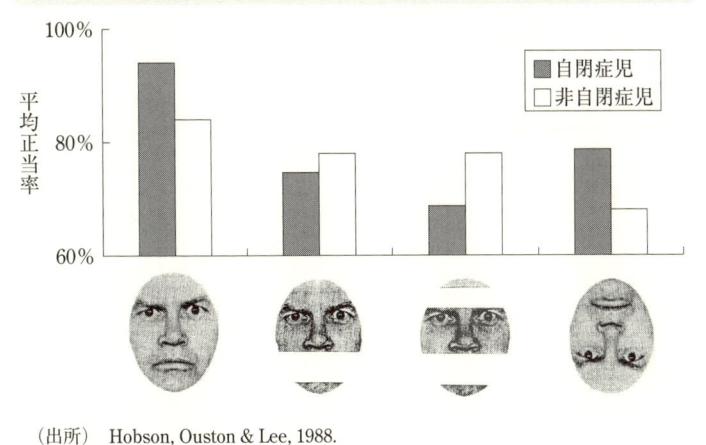

図 4-1　自閉症児と非自閉症児における表情理解の正答率

（出所）　Hobson, Ouston & Lee, 1988.

てしまうことがたびたび生じることになる。

　表情理解だけではなく，自閉症児は感情に関するさまざまな理解が困難であることが示されている。例えば，場の状況から相手の感情を読み取ったり，自らの感情を表出することも苦手であることが示されている。こうした**感情理解の全般的な障害**は，第3章で述べたような「心の理論」の障害へとつながり，他者の信念や考えを理解することが困難になることへと結びつくのである。

◆ 代償的な方略の存在

　しかしながら，自閉症児も日常生活で他者とまったくかかわらずに過ごすことは不可能なため，生活経験のなかで**代償的な方略（代償方略）**を身につけていく。特に高機能自閉症児の場合，もともと知的な側面での情報処理能力は障害されていないので，通常とは異なる方略で感情を理解するようになりやすい。最も代表

第4章　コミュニケーション発達と内面世界

図 4-2 感情理解プロセスの違い

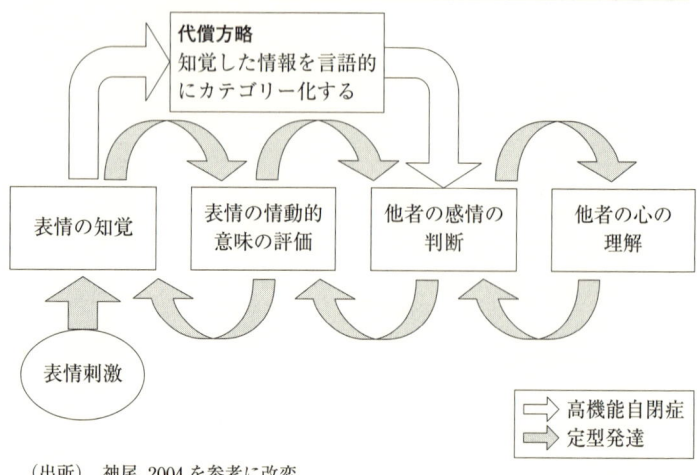

```
          代償方略
          知覚した情報を言語的
          にカテゴリー化する

  表情の知覚 → 表情の情動的 → 他者の感情の → 他者の心の
              意味の評価      判断          理解
     ↑
  表情刺激

                              ⇒ 高機能自閉症
                              ⇒ 定型発達
```

（出所）　神尾, 2004 を参考に改変。

的ものは言語的なラベリングを行うことで感情を理解する方法である。例えば表情と同時に，表情と一致する感情語を呈示すると，言語能力が高い自閉症児は表情識別の成績が上がり，表情と不一致な感情語を呈示すると，言語に影響されて表情識別の成績が下がることが見出されている（神尾, 2004）。したがって本来は表情刺激を知覚して，そこから情動的意味を抜き出し他者の感情を判断するというプロセスをたどるはずが，情動的意味を抜き出さずに言語的にカテゴリー化することで他者の感情を判断するというプロセスを経ていると考えられる（図4-2）。

しかしながら，たとえ代償方略を用いているとしても，実際の日常生活場面ではさまざまな問題が生じる。通常，表情から情動的意味を判断するのは瞬間的に行われており，コンマ何秒遅れただけでもコミュニケーション上は困難を生じる場合がある。また，

私たちの感情は多種多様であり、それを言語的にカテゴリー化するのには限界がある。そのため代償方略を用いていると、感情がまったく理解できないというわけではないが、相手に違和感を感じさせることになりやすい。そのため高機能自閉症児は「ちょっと変わった子」と認識されやすいのである。

2 システム化能力と共感能力
極端男性脳仮説

さて自閉症児は感情理解が困難であることを前節で述べたが、近年、自閉症児・者を感情的な**共感能力**と周囲の環境や情報をシステムとして把握する**システム化能力**のアンバランスな状態としてとらえる理論がバロン=コーエンによって提唱されている（バロン=コーエン, 2005）。バロン=コーエンは、第3章で述べた自閉症の「心の理論」障害仮説を最初に提唱した研究者の1人であるが、その後は進化論を基礎とした人間の行動に関するさまざまな知見をもとに「自閉症は**極端男性脳**の持ち主である」という画期的な理論を提唱することになった。

◆ システム化能力と共感能力

バロン=コーエンによれば、人間の脳は2つのタイプ、男性型脳と女性型脳に分けられるとされる。**男性型脳**とはシステムを理解し、システムを構築する傾向が優位になるようにできている脳をいい、**女性型脳**は共感する傾向が優位になるようにできている脳のことをいう。ここでいう「共感」とは、ほかの誰かが何を感

じ，何を考えているかを知り，さらにそれに反応して適切な感情を催す傾向のことである。例えば誰か苦しんでいる人がいれば，それを気の毒に思い，自分も落ち着かない気持ちになり，飛んでいって苦痛を和らげてあげたいと思うことである。こうした共感する能力のことを**共感能力**（empathizing）と呼ぶ。

これに対してシステムを理解し構築するとは，物事がどのように機能しているのか，どのような規則に従ってシステムが動いているのかを直感的に見抜き，さらに次の展開を予測し，あるいは新しいシステムをつくりだすことを意味している。ここでいうシステムとは，機械や乗り物の仕組みから図書館の目録，楽曲の構成，組織の編成など，あらゆるものを意味している。すなわち何かをインプットすると，インプットされたものに対して「〇〇すれば……になる」という相関関係を示す規則に従って作用し，アウトプットを生じるものはすべて「システム」ということになる。例えば，テレビの音量のボリュームスイッチの「＋（プラス）」ボタンを押せば（インプット1），結果として音量は上がり（アウトプット1），「－（マイナス）」ボタンを押せば（インプット2）音量は下がる（アウトプット2）ことになる。このようなシステムを理解し構築する能力のことを**システム化能力**（systemizing）と呼ぶ。

◈ 男性型脳と女性型脳──タイプ別にみる違い

統計上，男性はシステム化能力が優位で，女性は共感能力が優位であることが知られている。これは行動心理学上も脳神経生理学上も認められており，平均値では男性と女性の間に有意な差が存在している。ここで注意していただきたいのは，あくまで統計

上,平均値で有意な差があるということであり,男性のなかにも共感能力が優位な人もいるし,女性にもシステム化能力が優位な人もいる。全体の平均として,男性と女性には性差がある,ということである。したがって男性と女性のどちらが優れているとかいうことではなく,違いがあるということで性差別的なことを意味するものではないことは強調しておかねばならない。

バロン=コーエンは,システム化能力と共感能力の2つの能力を縦軸と横軸に紡ぎ,その違いによって図4-3のように5つのタイプに分類した。1つはシステム化が共感よりも優位であるSタイプ（S＞E）,2つめは共感がシステム化よりも優位であるEタイプ（S＜E）,3つめは共感とシステム化の均衡がとれているB（バランス）タイプ（S＝E）である。そしてSタイプのうち,システム化能力が共感能力を著しく上回っている場合を極端なSタイプ（S≫E）,逆に共感能力がシステム化能力を著しく上回っている場合を極端なEタイプ（S≪E）と名づけた。

システム化能力と共感能力を測定する標準化されたテストを実施し,その結果をタイプ別にみてみると,主に男性はS（システム化優位）タイプが多く（男性の54％）,女性はE（共感優位）タイプが多い（女性の44％）ことがわかっている。すなわちSタイプは男性型脳ということができ,Eタイプは女性型脳ということができる。

◆ 自閉症——極端なSタイプ

さて高機能自閉症・アスペルガー障害者に対して同様のテストを実施すると,実に65％が極端なS（システム化優位）タイプにあたり,27％がSタイプであった。残りのほとんどはB（バラン

図4-3 男性型脳，女性型脳，極端な男性型脳，極端な女性型脳の分布モデル

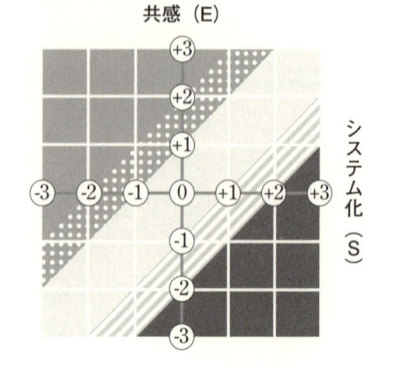

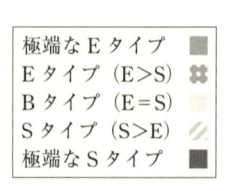

共感（E）

システム化（S）

- 極端なEタイプ
- Eタイプ（E>S）
- Bタイプ（E=S）
- Sタイプ（S>E）
- 極端なSタイプ

（注）縦横の軸は平均からの標準偏差を示す。
（出所）バロン=コーエン，2005。

ス）タイプであり，E（共感優位）タイプだったのはわずか1％しかいなかった（Baron-Cohen, 2008）。ここからバロン=コーエンは，自閉症を**極端なS（システム化優位）タイプ**，すなわち男性型脳の極端な人たちであると考えたわけである。このことは，自閉症の性比が5：1で男性が多いことの根拠にもなると考えられている。

ところで自閉症が極端なSタイプの人たちだとすると，極端なEタイプの人たちはどのような人たちなのだろうか。これに関してバロン=コーエンは，極端なE（共感優位）タイプの人たちはおそらく社会的に困難を生じることはほとんどないので，障害者として認識されることはないだろう，としている。例えば極端なEタイプの人たちはコンピュータの仕組みを理解したり，数学や物理などが苦手なことが想像されるが，これはそのような職業や専門に就かなければ困難を回避することができる。テレビ

の裏の配線をどこにつなげればよいのかわからない場合は、電話すれば販売店の店員や家電に詳しい友人が接続しに来てくれる。私たちの社会は極端なEタイプ（もしくはEタイプ）の人たちに対しては許容度が高いのである。しかしながら、どのような職業や専門分野であっても、共感能力はある程度要求される。まったく人とかかわりをもたずにすむ職業は存在しないのである。したがって極端なSタイプである高機能自閉症者はさまざまな困難に見舞われることになる。

　この章の前半で述べた代償的な方略の存在は、こうした自閉症児のシステム化能力と共感能力のアンバランス、すなわち強いシステム化能力によって形成されているものと考えられよう。つまり共感能力の弱さをシステム化能力で補おうとするはたらきが代償的な方略をつくりだすのである。こうした傾向は、第2章で述べたように発達の早期から生じているものと考えられ、そのために人生のさまざまな時期において特異性がみられるようになっているのである。

3　自他理解の発達的起源と高機能自閉症

　第2節で述べたように、自閉症は極端なS（システム化優位）タイプである男性型脳の持ち主であり、対人関係を形成するうえでのさまざまな事柄を共感能力よりもシステム化能力で補おうとする傾向が強い。そのため、他者との関係上ではさまざまな困難が生じる可能性が高いのである。

ところで、対人関係形成におけるそうした偏りは、結果として自閉症児自身が自分自身をどのように理解するのか、すなわち自己理解に大きく影響を及ぼすことになる。ここではまず、定型発達の乳児における自己発達を概観し、その後に自閉症児の自己理解に焦点をあてて、その特徴をみていくことにしよう。

◆ 自己理解の発達——関係性のなかで紡がれる自己

そもそも自己理解とは、乳児の頃から周囲の関係との相互的な交わりのなかで徐々に芽生えてくる、自分自身に関する知識の総体であると考えられている。ナイサー（U. Neisser）は自己の発達を環境からの情報ソースの違いや自己知識の領域に分類することによって5つの段階を想定している。以下に、それぞれを簡単に説明しよう（板倉, 1999）。

(1) 生態学的自己

視覚、聴覚、内受容感覚（身体を動かした時に感じる動作感覚）などによる物理的環境の知覚にもとづく自己であり、乳児期のかなり早い段階から知覚することが可能である。すなわち周囲の物体の見え方や周りの音の聞こえ方、自分の身体を動かした時の動作感覚といった一定で普遍的な情報ソースから感じる自己のことである。乳児は生まれた直後からこれらの物理的環境からの情報を知覚していると考えられ、これを基盤として成立しているきわめて原初的な自己のことを**生態学的自己**（ecological self）と呼ぶ。

(2) 対人的自己

物理的環境からの情報以外に、乳児は養育者をはじめとする他者からのかかわりによってもさまざまな情報を知覚することになる。これらの対人的なかかわりにもとづく情報はつねに一定では

ないため,物理的環境からの情報とは区別される。こうした対人的なかかわりからの情報にもとづく自己のことを**対人的自己**(interpersonal self) と呼び,生態学的自己と合わせて乳児期のかなり早くから存在を想定される。

(3) 概念的自己

乳児はさまざまな社会生活での体験を通じて,多面的・多角的な自分自身の特性に関する知識を積み重ねていくことになる。すなわち自分自身の名前や姿形などに対する知識が徐々に理解されるようになる。これらの知識にもとづく自己を**概念的自己**(conceptual self) と呼ぶ。概念的自己は主に言語的な情報によって獲得されたものであり,したがって2歳くらいから仮定される。

(4) 時間的拡大自己

自分自身が積み重ねてきた過去の経験や,自分がこれから行う未来の出来事などを理解することによって,時間的な自己の永続性(つまり「自分は過去・現在・未来という時間の流れのなかに存在している」ということに対する理解)についても子どもは理解するようになる。これを**時間的拡大自己**(temporally extended self) の成立と呼ぶ。ナイサーは4歳頃に成立していると考えている。

(5) 私的自己

子どもが主観的な経験を理解し重んじるようになった時,他者と自分の主観的経験は同じでないことを理解するようになる。すなわち自分が感じることと他者の感じることは同じ場合もあるけれど多くは異なっており,主観的な経験は自他間で共有できないことを理解する。それによって成立する自己のことを**私的自己**(private self) と呼ぶ。

*

このように自己の発達をみていくと,自己とはすなわち,周囲の環境との相互作用によって芽生え,さらに社会生活のなかでさまざまな経験を子どもが積み重ねることによって獲得された自分自身に対するさまざまな知識の総体であると定義されよう。言い換えれば,自己の発達とは自分自身と周りの環境との関係性を形成していくプロセスにほかならない。したがって他者や周りの環境を抜きにして自己は成立しないのである。そのためには,周囲の物理的環境や対人的環境からの情報を適切に処理し,さらに自らもそれらの環境のなかでアクティブに活動し,さらにまた活動によって得られた情報を適切に処理していく経験が必要になる。そしてさまざまな経験が有機的に関連づけられ統合されていくことによって,自らの存在を環境のなかにどのように位置づけていくかが決定されることになる。これこそが「自己の正体」であるといえるだろう。

◆ 自己の起源——自己意識的情動と自己鏡映像認知

　それでは具体的に,私たちが自己を意識する場面というのはどのようなものがあるだろうか。例えば何か失敗をして,それを他者から笑われたり怒られた時,私たちは"恥ずかしい"と感じたり,罪悪感を感じたりするだろう。しかし,誰もいない場面で失敗をしたとしても恥ずかしさや罪悪感を感じることはない。例えば大勢の人の前で服を脱ぐのは恥ずかしいが,家の中に1人でいる時に服を脱ぐのは恥ずかしくない。すなわち他者側の視点から自分自身がどのようにみられているかを感じることで,恥ずかしさや罪悪感が生じるのである。このように恥ずかしさや罪悪感は,他者から自己がどのようにみられているかを想像し,その結果生

じてくる感情であり,恥ずかしさや罪悪感のことを**自己意識的情動**と呼ぶ。

さて自己意識的情動は乳幼児の最初期から存在するわけではない。およそ生後2年めの後半もしくは3年めに現出し,生後1年めの後半には出てくる喜びや怒りなどの基本的な情動とは区別される,いわば高次の情動であると考えられている。この自己意識的情動の出現と密接な関連があるのが,鏡に映った自分の姿に対する理解,**自己鏡映像の認知**である。ルイス（M.Lewis）は鏡に映った自分の姿を幼児が理解しているかを確認するため,**ルージュテスト**と呼ばれる方法を用いた。ルージュテストとは,幼児に気づかれないようにこっそり幼児の鼻に口紅でしるしをつけ,その後に鏡の前に幼児を連れて行く。幼児が鏡をのぞき込むと,鏡に映った自分自身の姿を見て鼻にしるしがついているのを気づくわけだが,その時に鏡に映った自分を見て自分自身の鼻を触ってしるしを確認するのか,鏡に映った自分の鼻を触ろうとするのかに幼児の反応が分かれる。前者は鏡に映った人物が自分自身であることを理解していることの証拠であるし,後者は鏡に映っている人物を自分であるとはいまだ理解していないことを示している。自己鏡映像の認知は生後21カ月頃に成立することがさまざまな実験結果によって示されているが,ルイスは自己鏡映像の認知が成立すると同時に,先述した自己意識的情動が出現することを明らかにしている（ルイス,1997）。すなわち自己意識的情動は自己に対する視覚的な理解と大きく関連があるのである。

◈ 自閉症における自己鏡映像の認知と自己意識的情動

さて自閉症児ははたして鏡に映った自分の姿,自己鏡映像を認

知しているのだろうか。いくつかの研究によれば，自閉症児に対してルージュテストを行うと，就学前の低年齢の自閉症幼児でも自分自身の鼻を触る反応を示し，視覚的な自己認知が成立していることが明らかになっている（別府，2001）。しかしながら自閉症児の場合，恥ずかしがったり困惑したりといった自己意識的情動にもとづく反応が伴わないことが明らかになっている。むしろ自己鏡映像の認知は話しことばの有無や対象の永続性の理解（乳児の目の前で玩具などを布で覆うなどして隠すと，乳児は玩具が消えてなくなったと理解し，まったく反応しなくなる。生後9カ月頃になると玩具が布などで隠されても消えてなくなるわけではないことを理解し，布を払いのけたりして玩具を取り戻そうとするようになること）といった自己意識的情動とは異なる認知的な側面と関連があることが示されている。このことは自閉症児の自己鏡映像の認知が，他者からみられている自分を視覚的対象としてとらえているものの，他者がどのように自分をみているのかという他者の心的世界の内容を認知していないことを示唆する（別府，2001）。

すなわち自分の姿形については認知的な側面の働きで成立するものの，他者が自分自身についてどのように感じているのかを把握することが困難であることが自閉症児の特徴であるといえるだろう。このことは第2節で述べたシステム化能力と共感能力の偏りという問題とつながる。すなわち自閉症児における自己鏡映像の認知はシステム化能力にかなり依存しており，共感能力のはたらきである他者が自分をどのように感じているのかについては苦手としているものと考えられる。

このように考えると，先述した定型発達における自己の発達プロセスと自閉症の特徴は大きく異なっていることがわかる。すな

わち,自閉症児は周囲の環境から得られた情報を適切に処理していくことはできるものの,それらの経験から得られた自己に関する知識が有機的に関連づけられず,自らの存在を環境のなかにどのように位置づけていくかが困難になっているものと考えることができる。特に他者との対人的コミュニケーション場面では,相手からのさまざまなサイン(表情や声のトーンの変化,身ぶり・手ぶりなど)を直感的に理解できないため,相手が自分をどのように評価しているのかを正確に把握できない。他者からのサインをかなり極端な意味としてとらえてしまう場合もある。そのような経験が積み重なることによって,自分自身が自己に対して下す評価も,かなり極端なものになってしまう可能性があるだろう。そのため自閉症児の自己理解は,定型発達児とはかなり異なった形で成立していくことになる。

◈ 自閉症における自己の発達支援

それでは,定型発達児とはかなり異なった様相を示す自閉症児の自己について,私たちはどのような支援を行っていけばよいのだろうか。

第1に,自閉症児は私たちとはかなり異なったかたちで周囲の環境を知覚しており,私たちとはこの世界のとらえ方が異なっていることを理解し,それを受容する態度をもつこと,もしくはそのことを心がけることである。ここで注意してほしいのは,私たちとは異なる世界のとらえ方をしているとはいっても,私たちもみんなまったく同じようにこの世界をとらえているわけではない,ということである。つまり,私たちにも個人差があり,この世界のとらえ方には千差万別のものがある(同じ花を見ても感じ方は人

それぞれである)。自閉症児はそれが通常の個人差よりも，ほんのわずかに大きいズレを生じていたり，もしくは通常の個人差とは少し異なる質的なズレを生じているだけである。しかしながら，環境からの情報入力がほんのわずか異なっているだけでも，日常生活では大きな影響が及ぼされる。そのことを深く理解して，自閉症児の内面世界を理解していく態度をもつことが大切である。

もう1つは，自閉症児はさまざまな環境からの情報を統合して自己を位置づけることが困難であるため，そうした情報を整理して彼らに渡すべきであろう。例えば，失敗に対して叱責をすることは通常の子育てや教育では（必要最小限にすべきではあるが）珍しいことではない。定型発達児であれば，一度の叱責を受けてもそのほかの場面でほめられる体験があれば，両方の体験から得られた情報を統合していくことができる。ところが自閉症児の場合，ある場面で叱責されほかの場面でほめられたとしても，叱責された体験とほめられた体験が結びついて自己を構成していくことにつながらない可能性が高い。叱責された体験がダイレクトに自己に結びついた場合，それを取り消して自己を再構築するのは定型発達児よりも困難である。つまり，叱責をする場合には，定型発達児の場合よりも副作用（それによって自尊心が傷つくこと）が大きいこと，またほめる場合にはなるべく直接的にかつ反復的にほめていく必要があるということである。そのことを十分に理解しておく必要があろう。

また自閉症児自身が他者と自己を比較する場合，比較する視点が通常とは異なっていることが多い。そのため，なるべく的確な視点をもって比較するようにはたらきかけていくことが必要である。例えば，高機能自閉症児の場合，小学校の高学年くらいにな

ると自分がほかの子どもとは違っていることに気づき始めることが多い。その時，どのような面で違っているのか，違っていることをどのようにとらえるのかについて周囲の大人が適切に配慮してあげることが大切である。特にこの時期は，対人面での困難や苦手な教科などのネガティブな側面に関して自己と他者を比較し始めることが多いため，本人が得意なことやよい面もたくさんあることを大人が評価して，ネガティブな面での違いのみに視点が集中しないように配慮していくことが重要である。

◆ **自尊心を大切にした支援**

上述したように，自閉症がもつ特性を深く理解しながら，自閉症児が自己をしっかりと育んでいけるような支援が重要である。この時にキーワードとなるのは，「**自尊心**」である。自尊心とは，「自らが尊い存在であると感じること」であり，自分自身が価値のある人間であると感じることである。いわば自己を肯定的にとらえる力，そして自分には輝かしい未来が待っていると感じることができる力である。

この自尊心が育まれないと，さまざまな行動上の問題や不適応，場合によっては精神障害などの二次障害が引き起こされてしまう。従来より自尊心を大切にした子育てや教育的支援の重要性は提起されていたが，多くの事例から二次障害の問題は未解決であることが指摘されており，まだまだその取り組みは十分であるとはいえない。第Ⅱ部では自尊心を大切にした支援の重要性と支援の実際についてみていくことにしよう。

引用・参考文献

バロン=コーエン, S./三宅真砂子訳（2005）『共感する女脳，システム化する男脳』日本放送出版協会

Baron-Cohen, S. (2008) *The Fact: Autism and Asperger syndrome*. Oxford University Press.

別府哲（2001）『自閉症幼児の他者理解』ナカニシヤ出版

ホブソン, R. P./木下孝司監訳（2000）『自閉症と心の発達──「心の理論」を越えて』学苑社

Hobson, R. P., Ouston, J., & Lee, A. (1988) What's in face? The case of autism. *British Journal of Psychology*, 79, 441-453.

板倉昭二（1999）『自己の起源──比較認知科学からのアプローチ』金子書房

神尾陽子（2004）「自閉症の対人認知の動向──顔研究からのレッスン」『精神医学』46 (9)，912-924.

菊池哲平・古賀精治（2001）「自閉症児・者における表情の表出と他者と自己の表情の理解」『特殊教育学研究』39 (2)，21-29.

ルイス, M./高橋恵子監訳（1997）『恥の心理学──傷つく自己』ミネルヴァ書房

Ozonoff, S., Pennington, B. F., & Rogers, S. J. (1991) Executive function deficits in high-functioning autistic individuals: Relationship to theory of mind. *Journal of Child Psychology and Psychiatry*, 32, 1081-1105.

若松昭彦（1989）「年長自閉症児の表情認知・表出に関する実験的研究」『特殊教育学研究』27 (3)，19-30.

Weeks, S. J., & Hobson, R. P. (1987) The salience of facial expression for autistic children. *Journal of Child Psychology and Psychiatry*, 28, 137-152.

Column 2

高機能自閉症と情動学習

まなざしを読む　社会性における困難さは，自閉症の3つの特徴の1つである。社会性を支える基盤となっているのは，他者の意図や情動を読み取るはたらきである。最近の多くの研究が，自閉症において社会的認知が損なわれていることを明らかにしつつある。自閉症では，アイコンタクトが成立しないことが多い。他者の目を見ることは，通常，ヒトに生得的に備わっている自動的メカニズムである。これがうまく機能しない自閉症児は，顔やまなざしからその人の情動の状態を読み取る学習を経験できない。知的に高機能であっても，表情から恐れなどのネガティブな情動を読み取ることが苦手であること，まなざしからも相手の気持ちを推測しにくいことが知られている。まなざしを読むテストの得点は平均点を中心に高得点から低得点まで広く分布する。これは，定型発達の場合にも情動性知能には大きな個人差が存在することを示す。

眼窩回のはたらき　ネガティブな表情を読み取るにあたって重要なはたらきをしているのが，大脳辺縁系の扁桃体である。扁桃体は，アイコンタクトの成立にも関与しており，この部位を損傷したヒトは，相手の目を見なくなってしまう。前頭前皮質の下部に位置する眼窩回は，扁桃体から情動に関する情報を受け取っている。まなざし課題をしている時の脳活動を調べてみると，定型発達では扁桃体と眼窩回の両方が賦活されていたが，アスペルガー障害の場合は扁桃体の活動が小さく眼窩回の活動は認められなかった。眼窩回は，まなざしの形態とそれが意味する心的な状態を結びつける学習の座であり，相手の表情などの情報を社会的文脈に位置づける役割を担っている。高機能であると，サリー・アン課題などの誤信念課題（**図3-1**参照）を通過でき，表情の同定も可能であることが多い。しかし，ネガティブな表情の人に対して「話しかけたいです」と答えてしまうように，社会的に適切な状況判断をすることに課題をもっている。

第 II 部

自尊心を大切にした支援の実際

● 第Ⅱ部の Introduction ●

　障害のある子どもへの支援を進める際には，何かが新しくできるようになるというスキル獲得の支援はもちろん大切である。しかし，その一方で「自分は，ダメだ」と自己否定感に押しつぶされそうになったり，「失敗ばかりだ」と自信を失っている場合，その子どもの悩みや願いに寄り添うことが求められよう。高機能自閉症の子どもたちは，対人関係につまずきがみられることが多い。他者から傷つけられたりして，対人関係に自信を失い，自尊心を低下させていることもある。それだけに，周囲の人たちには他者の自尊心を大切にできる基本的姿勢と取り組みが求められよう。
　第Ⅱ部では，自尊心という用語の解説とともに，自尊心を大切にした具体的な支援方法について，小学校・中学校・高等学校など各時期に応じて解説している。自尊心を大切にした高機能自閉症への支援の実際について，理解を深め，明日からの支援にぜひ活かしてほしい。

第 5 章

自尊心と高機能自閉症

自尊心の基礎理解から支援へ

本章から，いよいよ自尊心を大切にした支援のあり方についての解説になる。そこで，まずは自尊心の定義について理解をしていただきたい。そして，自尊心に影響を与える要因や測定方法，さらには子どもの自尊心の発達などについて理解を深めてほしい。こうした自尊心をめぐる概念整理と研究成果にふれつつ，自尊心を大切にした高機能自閉症児への支援のあり方について，調査結果などから考えていこう。

1　自尊心とは

◆ 自尊心の定義

　自尊心ということばを知ってはいるものの，あらためて具体的に定義するとなると，とまどう人も多いのではないだろうか。第4章の最後にも解説されていたが，自尊心とは，自分自身のことを価値ある存在と認識することである。こうした感覚は，現在の日本の子どもたちは，ほかの国の子どもたちと比べて，なかなかもてていないという実情が浮き彫りになっている。財団法人日本青少年研究所（2009）が日本・アメリカ・中国・韓国の中学生と高校生を対象に行った調査では，「私は人並みの能力がある」「自分はダメな人間だと思う」「自分の意思をもって行動できるほうだ」という項目に関して，日本の中学・高校生は，ほかの国に比較して，自分の能力に対する信頼や自信に欠けていることが調査結果の概要として指摘されている。さらに，東京都教職員研修センター（2009）によれば，東京都の小学1年生から高等学校3年生までを対象に行った自尊感情について調査した結果，自分を肯

定的に評価する感情が小学1年生から中学1年生まで次第に下がり，中学3年生で上がるが再び高等学校で低くなる傾向がみられている。このように，日本の子どもたちの自尊心は，他国に比べて低いうえに，小学生から中学2年生にかけて徐々に低下をしていくことが示されている。

さて，自尊心と類似した用語として，**自尊感情**がある。日常的には，自尊心のほうがなじみがあるだろう。ただ，心理学の領域においては，学術用語として一般に自尊感情が使われている。自尊心と自尊感情は，いずれも self-esteem の訳語として使われており，両者はほぼ同義といえる。本稿では，特に先行研究を引用した場合には先行研究に準拠し自尊感情あるいは自尊心という表現を用い，それ以外の場合は自尊心という用語を用いて，論を展開する。

心理学領域において，自尊心あるいは自尊感情などと混同しやすい用語は，**自己評価**，**自己肯定感**，**自己概念**など多数存在しており，研究領域においても混同がみられる。近年になり，心理学領域における自己関連用語および概念を整理する必要性が指摘されつつあるものの，自己概念のなかに評価や感情的内容を含めた研究も数多く存在している。この傾向は，知的障害を含めた発達障害者の自己研究においても認められており，自己概念という表現で，自己評価，そして自尊感情などが扱われることもあった。しかし，一般的には自尊感情は全般的な自己の評価を測定するのに対し，自己評価はある特定の領域を測定するといった違いがある。また，一般に，自己概念は認知的，情動的，行動的側面を含む比較的包括的な構成概念であり，自己評価や自尊感情は特に自己概念の評価的側面を意味する構成要素であると考えられている

(榎本, 1998)。自己に関する用語の混乱は認められるものの、こうした自尊心とその関連用語の違いがあることを理解しておくべきであろう。

◆ 子どもによって異なる自尊心

　自尊心および自尊感情は、自己評価や自己概念と共通して、自己の認知的側面である。自尊感情は、私たちが精神的に健康に生きていくために必要な心理的基盤であり、それを守ろうとすることが、あらゆる人間の社会的行動の源泉であるととらえる研究者もいる（中間, 2007）。ジェームズ（1993）は、自尊感情を導き出す公式として、成功／願望という公式を提唱した。願望を分母とし、自らの成功を分子とする分数によって、自尊感情が導かれると述べている。したがって、理論的には自尊感情が低い人は、分母である自らの願望をよりハードルの低いものに変更するか、願望に即した成功経験を多く得ることが大切になる。ただ、実際には願望水準を下げて、成功を得たとしても、それがはたして、自尊感情を高くすることにつながるか、というと必ずしも容易なことではない。

　例えば、模擬試験の結果などから第1志望校に入学することをあきらめて、仮に第2志望校に合格したとしても、入学後において、第1志望ではなく第2志望であるというあきらめや妥協のような感情を抱く場合もあろう。そして、ここでの願望あるいは成功も、いずれも当事者しか知りえない状況であり、本人が重視している願望に対する成功経験こそが大切であり、支援の手がかりになる。例えば、学力の高い生徒が、友人や教師などからは学業成績が優れているので自尊心が高いと推測された。ところが、本

人にとっては学業成績よりも部活動のサッカーでレギュラーになれるほうが重要であった場合には，レギュラーになれないと，自尊感情が低くなってしまうことになる。自尊心は本人の考え方や感情が反映される心理的機能であるので，支援にかかわろうとする場合には，まずはより深くその対象となる子どもの内面世界を知ろうとする姿勢が欠かせないのである。

◈ 自尊心に影響を与える要因

自尊心に影響を与える要因としては，先行研究（小島, 2007；榎本, 1998）を参考にすると，① 重要な他者からの評価，② 他者との比較，③ **理想自己**と**現実自己**との差，④ 失敗および成功経験があげられる。

① 重要な他者からの評価とは，本人が大切に思っている人から，賞賛や叱責を含めて，どのような評価を受けているかといった観点である。小学校の低学年であれば，一般的には保護者が重要な存在であるが，中学年から徐々に友人などに変化していく。また，発達障害のある子どもへの支援においては，行動上の問題などから，注意・叱責が多くなりがちである。したがって，「ほめてのばす」ということが支援の原則とされる。これは自尊心を傷つけない支援に直結することでもある。

② 他者との比較とは，周囲の友人らと何かの領域で自分と比較を行い，自尊心を低めたり，高めたりすることである。これは，いわゆるライバルなど，本人にとって重要だと思っている他者との比較の結果が，影響を受けることになる。①と②は，いずれも他者との関係性にかかわる要素である。つまり，自尊心はその個人が単独で育むものではなく，他者とのかかわりのなかで，形

成されていくものであるといえる。高機能自閉症児の場合，他者理解や他者との共感性に課題があるため，他者からの評価を誤解して受け取ったり，他者との比較で否定的な要素に執着し，低い自尊心につながることがある。そのような場合，他者との比較だけでなく，過去の自分自身と比較を行い，「どれだけ自分が変わったか」という過去の自分との比較から，成長を実感させるような支援も大切になる。

③ 理想自己と現実自己との差についてであるが，理想自己とは人が「こうでありたい」と望む自己の方向性の表象である（松岡, 2006）。理想自己と現実自己とのズレは自分への否定的な感情を生み，人はそのズレを減少させようと生涯にわたって動機づけられる（松岡, 2006）。人は，成長とともに「こうなりたい……」と理想自己を抱くようになり，それに近づけるように努力するであろう。これは，目標指向的に自らの行動を促すことにつながるが，高機能自閉症児の場合には，時に**自己認知**や障害告知の課題とも関係してくる。例えば，ある障害告知を受けていない高機能自閉症児は，他者との違いに気づき始めた頃から，憧れの友人と同じようになりたいために，一生懸命勉強したり，体にいいとされることを実行するなど，何かしら自分自身を変えようと努力をした。また，ある障害告知を受けた高機能自閉症児は，本人が描く「ふつう」になるために，自閉症や薬について勉強をした。こうした障害のない自分を目指すような理想自己の形成は，障害のある自分自身に対する自己嫌悪感につながり，心理的不適応を生じることもあり，留意すべきである。

④ 失敗および成功経験は，本人の経験の蓄積が自尊心に影響を与えることを指している。高機能自閉症児は，対人関係のつま

ずきや学習面の課題から,通常学級のなかで,成功経験をなかなか得ることが難しい。通常学級に所属する高機能自閉症児への支援において,学校生活で何かしら「できた」という成功経験と周りの友人らからも認められたという実感が得られるような機会を設定していくことが自尊心を大切にした支援につながる。

2 自尊心の測定

◈ 測定と教育効果

　自尊心は,どのようにして測定できるのか。心理学の領域では,自尊心の測定には,ローゼンバーグ (Rosenberg, 1965) の尺度がしばしば用いられ,日本においても山本ら (1982) によって翻訳されている (表5-1)。自尊心の尺度は表現が抽象的なため,小学校高学年以降くらいにならないと測定そのものが難しい。ただ,教育実践現場からは,小学1年生にも適用可能な尺度の作成を試み,自尊感情を高める教育活動へとつなげた取り組みも報告されている (青島, 2008)。青島 (2008) は,「自尊感情を高める」目的で始めた教育活動であるが,質問紙という形をとり,学級で活用することで,平常の授業や生活のなかではみえにくい子どもたちの心の動き,サインをみつけるきっかけとなった,と報告している。自尊心はとらえにくいものかもしれないが,青島 (2008) の実践は,小学1年生という低学年から実態把握を行い,教育実践が可能であることを示唆しているといえよう。

表 5-1　自尊感情尺度

① 少なくとも人並みには，価値のある人間である
② 色々な良い素質をもっている
③ 敗北者だと思うことがよくある
④ 物事を人並みには，うまくやれる
⑤ 自分には，自慢できるところがあまりない
⑥ 自分に対して肯定的である
⑦ だいたいにおいて，自分に満足している
⑧ もっと自分自身を尊敬できるようになりたい
⑨ 自分は全くだめな人間だと思うことがある
⑩ 何かにつけて，自分は役に立たない人間だと思う

(出所)　山本ら, 1982 より。

◆ 測定における配慮

さらに，質問項目や回答に否定的な記述を含む自尊心の測定が児童に及ぼす影響を検討した研究（鶴巻・仁平, 2008）からは，否定的な記述を含む自尊心測定時には，自尊心水準の低い児童ほど心理的な不快感を感じていることが明らかとなっている。そして，少なくとも否定的な記述を多く含む自尊心測定は，支援の場では可能であれば避けたほうがよいと考察されている。高機能自閉症児などの発達障害児を対象として調査を実施する場合には，対象児が自尊心を低めている状況で測定を行うことがあるだろう。尺度の妥当性・信頼性にかかわるので，既存の尺度について過剰な修正はできないが，子どもができる限り不快感を抱かないように配慮しつつ，自尊心の測定が試みられるべきであろう。

いずれにせよ，自尊心の測定は，**質問紙**あるいは**面接法**といった言語に依存したかたちになることは否めない。教育や支援の現場では，抽象的かつ否定的な内容といった要素を子どもの実態に応じて検討を行い，適切な支援につなげるための評価を実施すべ

きであろう。

3　自尊心と発達

　自尊心は，どのような発達をとげるのか。先に述べたように，自尊心は自己の認知的側面である。したがって，行為主体である自分を客体的に対象化してとらえるようになってから，徐々に生じてくるものである。ただ，自尊心は客観的な評価を行おうとすると，言語を媒介として測定されるため，小学校入学以後から徐々に測定が可能になってくるといえよう。小学生の間の自尊心について検討すると，小学生の自尊心は低学年の間は高いものの，学年が上がるにつれて低くなっていくことが一般的な傾向である。これは，自尊心への影響要因である他者との比較が可能となり，自分自身を他者の視点からも客観的にとらえることができるような認知能力が発達してきたためと考えられる。逆にいうと，小学生の間に徐々に，友達との比較や友達からの評価などが，自尊心に影響を与えるようになるといえる。また，当然のことながら教師からの評価も自尊心に大きな影響を及ぼす。

　その後については，中学1年生から高校3年生を対象とした研究で，自尊感情は徐々に上昇することが報告されている（McCarthy & Hoge, 1982）。しかし，日本の調査では，先に紹介した東京都教職員研修センター（2009）によると，小学1年生から中学1年生までは次第に下がるものの，中学3年生までに上がることが報告されている。このように，自尊心の発達的変化につい

ては,小学校高学年から高校生において,必ずしも一致した結果が得られているとはいい難い点もある。ただ,自尊心の発達的変化に加えて,日本の教育環境が,子どもの自尊心にどのような影響を与えているのか,今後詳細に検討されるべきであろう。

4 自尊心を大切にした支援とは

筆者らが実施した保護者へのアンケート調査(小島・納富,2009)から,その実態を紹介する。

◆ 保護者への調査より

調査は,高機能自閉症・アスペルガー症候群(一部,広汎性発達障害を含む)の保護者20名を対象として,実施した。その結果,「自尊感情が同年齢の子どもたちと比べて,どのような水準か」という問いに対しては,わが子の自尊心が低い,やや低いと判断した保護者が75%(15名)とほとんどであった。驚くべきことに,同年代と同程度と判断した割合も15%(3名)とわずかであり,まして同年代よりも高いと判断した保護者は10%(2名)だけであった。その理由としてあげられていた事柄を整理すると,表5-2の通りであった。理由から,通常学級に在籍している高機能自閉症児の自尊心を大切にした支援を考えると,特に教育現場に関して以下の3点があげられよう。まず第1に,学校生活のなかで失敗経験を減らし,達成経験を得られるようにすること。第2に,友人からばかにされるなど,からかいや,いじめなどの対象

表 5-2　自尊感情が低いと判断した理由

① 失敗経験の多さ（例：できないことが多い，よかれと思ってしたことが予想外の結果になり失敗してしまう等）
② 友人などからばかにされるという経験の蓄積
③ 友人など他者と比較され，他者よりできないことを実感させられる機会の蓄積

（出所）　小島・納富, 2009。

にならないようにすること。第3に，教師も友人も他者との比較から課題の達成状況などを評価する機会を必要最小限にし，結果ではなく努力の過程やその子自身の成長を大切にした学級経営を実施することが望まれる。

また，「自尊感情を傷つけられる経験は，同年齢の子どもたちと比べてどの程度か」という問いに対しては，70％の保護者が同年齢の子どもたちに比べて，「少し多い」か「とても多い」と判断しており，「少ない」と判断している保護者は20％と少数であることが明らかとなった。「多い」と判断した理由としては，表5-3の通りであった。本人の勘違いにもとづく失敗経験などは，**対人認知**の課題とも関係のある事柄である。本人が「これは，いいことだ」と思って実行したにもかかわらず，期待通りにならない，あるいはまったく予想もしない否定的な結果を導くことなるような経験は，とてもつらいことであろう。この背景には，高機能自閉症児の認知特性も関係しており，特に対人認知にかかわる感情理解や他者理解の特徴を理解しておくことが支援者には求められよう。なお，「多い」と判断したその他の理由は，自尊感情の低さの理由とも類似した内容であり，支援においては失敗経験の減少，友人や教師など他者との良好な関係づくりの大切さが浮

表 5-3 自尊感情を傷つけられる経験が多い理由

① 本人がよかれと思ったことで、叱られるなど、勘違いを多く経験しているため
② 学校生活では、友達と同じようにはできないことが多いため
③ 友達などから、からかわれたり、ばかにされる経験が多いため
④ 教師や大人から注意されたり、叱られる経験が多いため

(出所) 小島・納富, 2009。

き彫りとなっていた。

 高機能自閉症児の自尊心は、小・中学校という学校に所属している間は、同級生などとの友人関係、さらには教師との関係が、直接的な影響を及ぼす可能性が高い。対人認知やコミュニケーションに課題のある高機能自閉症児においては、例えばクラスの友人らと適切な対人関係を築き維持していくことが、自尊心を大切にした支援につながる第一歩になろう。

◆ 自尊心と障害告知

 さらに、高機能自閉症児の自尊心にかかわる要素として、もう1つ大切な要素がある。それは、他者との違いの気づきから始まる自己への疑問、さらには自己の障害への気づき、そして**障害受容**といった、本人への**障害告知**と告知後の支援である。ある高機能自閉症児は、自分が自閉症と診断をされた時の心境を「もう何もかも嫌になった。友達はいないし、どうせ何をやってもうまくできないから、生きてても楽しくない」と語った。その後、カウンセリングを受けるようになり、「診断のあと、いろんな説明をしてくれて、カウンセリングも受けられるようになって、とても役に立つ情報を教えてくれるから、今は大丈夫」と、前向きに今

の自分のありのままを受け入れている。障害告知とその後の支援が，高機能自閉症児の自尊心に多大な影響を及ぼすことは間違いない。障害告知とその後の支援のありようは，青年期以降の人生にも多大な影響を及ぼす可能性があるだけに，臨床的知見の積み上げと活用が求められよう。こうした障害告知をめぐる詳細な内容は，後の第12章「心理臨床現場での支援の実際」において，詳細に紹介されている。

引用・参考文献

青島朋子（2008）「自尊感情尺度」『児童心理』（臨時増刊「子どものメンタルヘルス」），879，129-135.

榎本博明（1998）『「自己」の心理学――自分探しへの誘い』サイエンス社

岩田純一（2007）「自尊感情はどう育つか――乳幼児期から思春期」『児童心理』862，890-895.

ジェームズ，W. ／今田寛訳（1993）『心理学』上・下，岩波書店

小島道生（2007）「LD児の自己の発達と支援」田中道治・都筑学・別府哲・小島道生編『発達障害のある子どもの自己を育てる――内面世界の成長を支える教育・支援』ナカニシヤ出版

小島道生・納富恵子（2009）「高機能自閉症・アスペルガー症候群のある子どもの自尊感情と支援――保護者に対するアンケート調査からの検討」『日本LD学会第18回大会発表論文集』393.

松岡弥玲（2006）「理想自己の生涯発達――変化の意味と調節過程を捉える」『教育心理学研究』54（1），45-54.

McCarthy, J., & Hodge, D. (1982) Analysis of age effects in longitudinal studies of adolescents self-esteem. *Developmental Psychology*, 18, 372-379.

中間玲子（2007）「自尊感情の心理学」『児童心理』862, 884-889.

Rosenberg, M.（1965）*Society and The Adolescent Self-image*. Princeton University Press.

東京都教職員研修センター（2009）「自尊感情や自己肯定感に関する研究——幼児・児童・生徒の自尊感情や自己肯定感を高める指導の在り方」『東京都教職員研修センター紀要』8, 3-26.

鶴巻正子・仁平義明（2008）「否定的記述を含む自尊心測定が児童に及ぼす影響」『日本特殊教育学会第46回大会発表論文集』399.

山本真理子・松井豊・山成由紀子（1982）「認知された自己の諸側面の構造」『教育心理学研究』30, 64-68.

財団法人日本青少年研究所／千石保・胡霞・阿部あつこ執筆（2009）『中学生・高校生の生活と意識：調査報告書——日本・米国・中国・韓国の比較』

第6章

学校現場での支援の基本的な進め方

障害の気づきからアセスメントへ

本章では、学校現場でみられる高機能自閉症児の症状などについて解説するとともに、学校現場でのアセスメントから具体的な支援方法について解説を行う。本章で述べる支援方法は、第Ⅰ部で解説している高機能自閉症児の心理・行動特性などとも密接に関連する内容でもある。高機能自閉症児への一般的な支援方法も含まれているが、同時に自尊心を大切にした学校現場での支援のあり方について述べている。学校現場での具体的な支援の手がかりについて、理解を深めたい。

1　学校現場での障害の気づきから支援まで

◆ 学校現場での気づき

　学校教育現場でみられる可能性のある高機能自閉症児の症状としては、表6-1の通りである。表のような症状が複数みられた場合には、保護者と連携するとともに、専門機関につなげていく必要があろう。

　ただし、年齢や障害の程度によって、その症状の程度は異なるし、これら症状が認められるからといって、必ずしも高機能自閉症とは限らない。教師は、高機能自閉症の症状を見落とさず、子どもが学校生活を楽しく過ごせるように、保護者や専門機関と連携を行い、適切な支援へとつなげていくことが大切になろう。

　いうまでもないが、教師の役割は障害の気づきだけでなく、その後、子どもの能力を最大限のばすよう指導していくことが大切なことである。

表6-1　学校でみられる可能性のある高機能自閉症児の症状

① 同年齢の友達をつくることが困難である
② ルールの理解が困難である
③ 相手の立場や気持ちに立った発言ができない
④ 一番になることなどにこだわる
⑤ 日課や手順などにこだわりがある
⑥ 特定の事柄（例：鉄道のことなど）について，とてもよく知っている
⑦ 冗談や比喩が理解しにくい
⑧ 大きな音などを嫌がる

◈ 高機能自閉症へのアセスメント

　アセスメントとは，評価・査定と訳される。効果的な指導を立案し，実行するためには，子どもの発達や環境について，的確に把握しておく必要がある。したがって，通常学級に在籍している高機能自閉症児をはじめとする発達障害児へのアセスメントは，本人と環境という2つの観点から実施する必要がある。このことは，高機能自閉症児への支援も，本人と環境に対する2つのアプローチが存在しているということでもある。

　通常学級に在籍している高機能自閉症児をはじめとする発達障害のある子どもへのアセスメントの視点は，**表6-2**の通りである。教師は，**表6-2**に示された視点からアセスメントを実施するとともに，先に解説をした高機能自閉症の症状について理解をし，学校生活においてそのような症状が認められないか，確認をしていくことが必要になる。しかし，場面や人が変われば，子どもの行動も変化することがある。したがって，教育現場でも複数の教師が子どもの行動観察を行い，確認することが望ましい。

　効果的なアセスメントを実施するには，保護者との**連携**が欠かせない。保護者からの情報は，子どもの成長の姿を知るだけでな

表6-2 発達障害のある子どもへのアセスメントの視点

① 本人へのアセスメント
② 学力検査:学習の遅れや偏りがどの程度認められるかなど
③ 行動観察:衝動性,感覚の過敏性,こだわり,集中力などの程度
④ 対人関係:挨拶,話すこと,相手の感情や意図理解の程度など
⑤ 集団参加状況:ルールの理解と遵守,ゲームへの参加度など
⑥ 標準化された心理検査:WISC-Ⅲ,田中ビネー知能検査法Ⅴ,K-ABCなど
⑦ 環境へのアセスメント
⑧ 教室環境:掲示物(黒板横,教室の後ろなど),スケジュールの提示方法,座席位置,窓の状態,出入り口の状態,教室外からの音の状況など
⑨ 家庭環境:子どもと周りの人との関係,子ども向けの図書・玩具などの物理的状況
⑩ ライフスタイル:1週間の生活の流れ,1日(平日,土,日,祝日など)の生活の流れ
⑪ 地域環境:公園,図書館,療育機関,医療機関,商店などの距離と利用頻度など
⑫ 保護者・本人の願い

(出所) 小島,2008を一部改変。

く,学校教育現場という限られたなかでの支援ではなく,家庭という場へ支援を拡大することにもつながる。ただ,時に保護者と子どもの実態について認識のズレが生じることもある。その場合には,保護者の気持ちにも寄り添いながら,学校教育現場での症状を正確に記録しつつ,慎重に対応を検討していく必要があろう。

◆ 学校現場での支援の進め方

高機能自閉症児の症状のあらわれ方は,個人差があるとともに,環境設定によって変化する。したがって,高機能自閉症だからということで,マニュアル的な対応を実施すべきではない。まずは,子どものありのままの姿をきちんと受けとめようとする姿勢が不

可欠だ。そして、高機能自閉症児にとって過ごしやすい環境設定になっているか、今一度教室や学校環境をみつめ直すことが、大切である。さらに、教師の気づきから学校全体の認識の共有、保護者との連携、さらには専門機関との連携といったように、高機能自閉症児への支援について、担任の教師1人だけが実行するのではなく、連携をとりつつ、それぞれが役割を果たしていく必要がある。学校教育現場での支援は、組織的な支援体制を維持し、継続できることが望まれる。

　残念なことに、高機能自閉症をはじめとする発達障害児のいるクラスを担任する教師から、授業や学級経営の失敗などを子どもの障害に原因を求め、安心している場面に遭遇することがある。例えば、授業がうまく実施できなかった時に、自らの授業力を省みず、「高機能自閉症児だから、しようがない」といったような子どもの障害に原因をすり替えるようなことがある。この論理では、「私は、発達障害児のいるクラスの担任はできません」と言っているのと同じである。最初から「高機能自閉症だから、しようがない」というあきらめの姿勢ではなく、発達障害の子どもがいるクラスでも、何らかの工夫や配慮により、一緒に学び、成長できる授業・学級経営を目指していくのが特別支援教育である。学校で経験する集団での学びは、高機能自閉症児にとっても、また周りの子どもたちにとっても多大な成長の可能性を秘めた意義深い活動になることに気づいてほしい。

2　具体的な学校での支援の手だて

　学校教育現場で，具体的に担任の教師が取り組むことが想定される支援の手だてについて，以下で解説する。なお，当然のことであるが，以下の支援の手だては子どもの実態に合わせて，変えていく必要のあるものであり，すべての高機能自閉症児に該当するものではない。

◈ 情報の伝え方の工夫

(1) 視覚的な情報処理の有効活用

　一般的に高機能自閉症児は聴覚的な情報よりも，視覚的な情報のほうが理解しやすい。したがって，口頭だけで説明するよりも，図や写真を見せたほうが理解しやすい。こうした視覚的な手がかりについては，例えば本人にとってわかりやすいスケジュールの提示，状況を理解しやすくしてあげるための漫画や文章，具体的に課題の手続きを示した写真や流れ図などが想定される。

(2) 一度に伝える情報量を少なく

　伝え方の工夫として，端的に，一度に伝える情報は1つに限定したほうが望ましい。例えば，「国語の教科書を机の上に出して，17頁を開けて，6番の問題をやりなさい」などといったように，情報量が多く含まれている指示ではなく，「まず，国語の教科書を机の上に出しなさい」「次に，17頁を開けなさい」といったように，順序立てて，少しずつ伝えたほうが理解しやすい。

(3) 指示語やあいまいな表現を避け，具体的に

高機能自閉症児にとって，あいまいな要素を含んだ指示は，混乱を招くおそれがある。例えば，掃除の時間に「この辺を適当にやっといて」といったような，指示語を含み，しかも具体性を欠いた内容のある表現は，何を使って，どのような方法で，どうなったら終了なのか，わかりにくい。逆にいうと，何を使って，どのような方法で，どこまで実施すべきかといった内容を伝えることが求められる。例えば，「ほうきを使って，机とドアまでの間のゴミを集めてください」などと伝えるべきであろう。

(4) 冗談や皮肉を避け，端的に

高機能自閉症児は，冗談や皮肉を真っ正直に受けとめてしまうことがある。そのため，「そんなつもりで言ったのではないのに……」という誤解を生じてしまったり，また正直に実行するため，友達からのからかいやいじめに発展する場合もある。例えば，突然不登校に陥った高機能自閉症児に話を聴くと，友達から「もう学校には，来ないでいいから」と言われたと話したり，冗談で「電柱にのぼれ」と言われたら，そのまま登ってしまったという事態になることがあるかもしれない。教師や大人が情報を伝える際に，端的に伝えることに加えて，言われたことを素直に受けとめてしまうこともある高機能自閉症児に対しては，友達からのからかいやいじめの対象にならないように指導を実施すべきである。

(5) 禁止ではなく，「期待している行動」を表現

高機能自閉症をはじめ発達障害児への指導を進める際には，どうしても「……してはダメ」といった禁止の注意・叱責が多くなりがちだ。ただ，こうした禁止の表現は，「怒られた」という印象が残ると同時に，行動の中止を訴えるだけで「じゃあ，どうす

ればいいの？」という疑問を生じさせることもある。しかし，禁止の表現を「期待している行動」の表現へと言い換えると，子どもはどうすればいいのかという見通しがもてると同時に，「怒られた」という印象が少ない表現に変わる。例えば，「席を立つな」から「席に座りましょう」という表現に変えると，今どうすればいいのかがわかると同時に，言い方にもよるが，禁止の表現から期待の表現へと変わるため，怒られたという印象は子どもに残りにくいといえるだろう。

◆ 不器用さに配慮

　高機能自閉症児は，手先が不器用であったり，スポーツ全般が苦手な場合が多い。手先が不器用なため，筆記用具を上手に使えず，結果的に文字が上手に書けなかったり，作品がうまくつくれなかったりする。そして，教科のなかでも図画工作や体育などが苦手で，これら実技科目を好まず，失敗経験の蓄積や友達との比較から，自分は友達と同じようにはできないという意識が芽生え，自信を失いやすい。不器用さそのものを改善するように，筆記用具の使い方などを日頃から意識したり，家庭と連携してトレーニングを積み上げていくことも大切である。また，自分の身体の位置関係の意識についても苦手なことが多いので（例えば，ダンスの動きがぎこちないなど），身体意識を育むような遊びやゲームなどを取り入れることもある。さらに，授業で必要に応じて，使いやすい道具や補助具なども準備しておき，特定の子ども用というのではなく，誰でも必要に応じて使いやすい道具を使ってもいいような状況を設定するなどの工夫もあろう。

◆ スケジュールの提示

 高機能自閉症児は，多くの場合，自分自身で見通しをもつことや計画を立てて，実行することが得意ではない。そこで，見通しをもちやすいように視覚的な**スケジュール**を提示していくことは大切な支援になる。予定に変更が生じる場合には，できるだけ早めに変更内容を伝え，見通しをもたせて，安心感を与えることが大切になる。スケジュールは，必要に応じて，本人にとってわかりやすい視覚的な手がかりを活用していくことが望まれる。

◆ 教室環境の工夫

 多くの高機能自閉症児が，何らかの**感覚・知覚過敏**をかかえている。その子どもの感覚・知覚過敏に配慮した，過ごしやすい教室環境の整備や座席の工夫などが望まれる。どうしても通常の教室環境で落ち着ける場所などが確保しにくい時には，その子どもが落ち着けるような空間を設立することも検討すべきであろう。

◆ 教科学習での支援

 高機能自閉症児は，全般的な知的発達に遅れはないものの，教科学習においては，得意な科目あるいは領域と不得意な科目や領域が極端にあらわれることが多い。例えば，歴史の年号を暗記することが得意な一方で，国語の文章読解が苦手であったりする場合がある。苦手な領域については，**心理検査**などから導かれた本人の**認知特性**をふまえた支援が必要となる。また，体育などでは不器用さに加えて，ルールの理解が難しい場合が多い。集団で競技を行う場合には，ルールの提示方法に視覚的にわかりやすい工夫を行い，どの程度理解できているのか，確認をしつつ進めてい

く必要がある。場合によっては，周りの子どもたちの様子を考慮しながら，ルールの変更といったような工夫が必要になることもあろう。

3 *自尊心を大切にした学校での支援の留意点*

◆「安心感」を与える支援

　高機能自閉症児は，学校生活を送るなかで，自尊心を傷つけられる場面が多いことは，先に述べた通りである。学校生活ではどうしても友達と比較したり，教師から注意・叱責されたり，自分が思ったようにできないという現実に直面する機会はあろう。また，友達からの言葉などで傷つくこともあると予想される。それだけに，まずは家庭で子ども自身が，今の自分でいいんだという「安心感」を抱けるような，かかわりが求められよう。

　学校でも，同様にまずは担任の教師が，どの子どもにとっても安心ができる，味方であるという安心感を与えられる存在になるべきであろう。高機能自閉症児にとって「自分のことをわかってくれる先生」との出会いは，そう多くはない。むしろ，教師からは常に叱責をされ，嫌われている，といった印象をもつ高機能自閉症児も多い。したがって，高機能自閉症の特性を理解し，1人ひとりの違いを認め合える学級経営を心がけていくことが基盤になる。

◈ 努力を認め，ほめる

　第5章でも紹介した高機能自閉症児を育てる保護者に対して行った筆者らの調査（小島・納富, 2009）において，子どもが適切な自尊感情を抱くには，学校や地域社会でどのような支援が必要と思うかを尋ねた結果，学校では，教師の適切な理解があり，失敗だけで終わらず，できることをのばしてあげられるといった，子どもの努力の過程や得意領域をのばせることに着目できる幅広い指導力が求められていた。どの子どもにも共通していることであるが，結果だけに着目するのではなく，がんばった本人の努力を認め，ほめていく姿勢を貫くことが，なかなかよい結果を導けない高機能自閉症児にとっても求められるかかわり方になろう。そして，子どもの得意領域を学級の中で発揮し，友達などから認められる機会へとつなげていくことが，失敗経験を多くしがちな高機能自閉症児にとっては，自尊心を維持あるいは高めることができる機会となる。教育現場では，得意領域をのばすよりも，不得意領域を克服することに重点がおかれることもあるが，高機能自閉症児のように失敗経験を多くしがちな子どもには，得意なことこそ，どんどんのばし，活かしていくという発想も兼ね備えてほしい。もちろん，通常の課題において失敗経験を多くしがちな高機能自閉症児にとって，達成経験や成功経験を確保できるような授業内容の工夫も必要となろう。そして，専門家との連携など，教師には保護者と専門家をつなぐ，コーディネーターとしての役割も求められている。

　以上のように，高機能自閉症児の自尊心を大切にした支援は，教師の懐の広さと多岐にわたる役割や配慮が求められるものであり，そう容易なことではないかもしれない。ただ，子どもの自尊

心は，その子ども自身が抱くものではあるが，先にも解説したように，教師や保護者，そして友達などとの関係性が多大な影響を与えている。つまり，教師，友達，保護者，そして地域の人々など周囲の適切な理解と支援があれば，自尊心が傷つけられる機会も減少させることができるといえよう。したがって，まずは大人，教師など周囲の人々が，適切に特性を理解し，1人ひとりの違いを認め，互いを理解しあい，適切な支援を展開することが自尊心を大切にした支援のスタートになろう。

引用・参考文献

小島道生（2008）「子どものいまの実態を把握し，指導計画を立てる——教育的見立てのあり方　1 通常学級の教師が実施すべきアセスメント」小島道生・宇野宏幸・井澤信三編著『発達障害の子がいるクラスの授業・学級経営の工夫』明治図書，14-15.

小島道生・納富恵子（2009）「高機能自閉症・アスペルガー症候群のある子どもの自尊感情と支援——保護者に対するアンケート調査からの検討」『日本LD学会第18回大会発表論文集』393

第7章

学級集団での
育ちと自尊心

高機能自閉症児の自尊心を育むためには，その障害特性に配慮することが必要であり，そのためには個別指導が重要といわれる。集団での指導は「できればないほうがよい」と考えられてきた。しかし，高機能自閉症児のライフサイクルを見通した際に，集団のなかでこそ育つ自尊心があることも多く指摘されてきている。この章では，高機能自閉症児の自尊心を育むために，彼・彼女らの多くが在籍する通常学級での集団づくりがもつ意味と支援の基本的あり方について論じる。

1　個別指導と，学級集団づくりのなかでの指導

◆ 高機能自閉症児者に自尊心を育む意味

　高機能自閉症児の教育や支援で行われるさまざまな取り組みの目的は，個々のスキルや能力の形成にとどまらず，それを通して高機能自閉症児本人が「自分は自分であっていい」と思える自尊心を実感できるようにすることにある。その理由の1つは，高機能自閉症児の自尊心を低めることが，**二次障害**などの問題行動につながりやすい（第2章）ということである。また，青年期以後，仕事を辞めず継続した就労を可能にする要因の1つも，この自尊心にあることが示唆されてきている。継続した就労には対人関係や仕事上のスキルももちろん大切である。しかしそういったスキルをもっていても自尊心が低いと周囲からすれば些細な叱責や対人関係のトラブルであっても，傷つき，心が折れるようになって仕事に行けなくなるケースも少なくない（京都ひきこもりと不登校の家族会ノンラベル，2005）。

二次障害を予防しそれを乗り越える力を育むために，さらに継続した就労を可能にしていくためにも，自尊心を実感できる教育の保障が重要となるのである。

◆ **子ども自身がほめられるに値すると感じる生活をつくる**

一般に自尊心を高める方法として，本人にポジティブな評価を与えることが考えられる。とにかくほめることが大切だというとらえ方である。しかし，ただ大人にほめられるだけでは子どもは自尊心を形成することはできない。多動で走り回っている子に，帰りの会で教師が「今日よくがんばったね」とほめた。するとほめられた子は「先生，何見てたんだ」と逆に怒った。彼は自分がほめられるに値する活動ができていないことは十分理解していた。だからこそ教師のほめことばに，自分をちゃんとみてくれていない，ないがしろにされている態度を感じたのであろう。子どもは，意味あると感じる活動をやりきれたと実感できた時，すなわち自分自身が達成感を感じた時はじめて，他者にほめられることに喜びを感じるのである。ほめることが意味をもつために，大人にはまず，目の前の子どもがやってみようと思って挑戦しその結果やりきれる活動と生活，つまり達成感を感じられる生活や活動を工夫してつくりだすことが求められるのである。

◆ **集団指導は必要悪？**

高機能自閉症児の場合，同年齢の定型発達児と異なる感覚や物事のとらえ方をもっていることが指摘されている（第1, 2, 3章参照）。そのため通常学級では，定型発達児にとって達成感を感じられる生活や活動が，高機能自閉症児にとってはそうなっていな

いこともしばしば存在する。

> **事例7-1　運動会の踊りの練習で耳を塞ぎ逃げ出すA君**
>
> 　A君はちょっとしたことで教室を飛び出してしまうことがよくある小学3年生の男子である。高機能自閉症の診断を受けており通常学級に在籍している。運動会の踊りの練習で皆がだらだらしているのを見て，担任の先生が集中させようと大きな声で注意をした。ふだん優しい先生が突然大声で注意したことで皆ははっと我に返り，その後先生の指示に集中しうまく踊りができた。帰りの会で先生が「今日の踊りはよくがんばったな」と言うと，皆は満足そうにうなずいていた。しかしA君だけはそうではなかった。彼は**聴覚過敏**（第3章参照）があり，先生の突然の大声はとても恐怖だったようである。その日は耳を塞いで座っていただけだったが，翌日からは踊りの練習をやるというと，逃げ出してトイレに鍵をかけて閉じこもってしまうようになった。

　ほかの子には，練習に集中するきっかけとなった教師の大きな声での注意が，聴覚過敏のあるA君にとっては激しい恐怖を引き起こしたのである。反対にA君に恐怖を与えないよう小声で指示を出していては，ほかの子どもを練習に集中させることは難しかったと考えられる。このように，通常学級において高機能自閉症児に達成感を感じられる生活を保障することは，それ以外の子どもにとっては達成感を感じられない生活をつくりだしてしまう難しさを伴うことがある。

　こういった事情からしばしば，高機能自閉症児に達成感を感じる生活を保障するためには，本来個別指導が必要と考えられる。通級指導教室や相談・支援機関への受診が求められるのはそのた

めであろう。一方現在の日本では，通級指導教室も十分整備されておらず，教師数や部屋不足で個別対応できる条件が整っていない。そのため，通常学級における集団指導で対応せざるをえない。このように障害をもたない子とともに行う集団指導は，高機能自閉症児の自尊心を高めるためには「本来好ましくないが仕方なく」行われる「必要悪」のものととらえられる場合が少なくないのである。

◈ 集団指導の必要性──自尊心と仲間関係

　それに対しここでは，高機能自閉症児の自尊心を高めるためにこそ，集団指導が必要であると考える。それは，高機能自閉症児の自尊心の低さが，仲間がいないことや仲間とうまくかかわれず**孤独感**を感じること（Bauminger & Kasari, 2000）と強く関連していると考えるからである。これは思春期以降，特に顕著になる。

　高機能自閉症児は9歳過ぎの思春期の入り口にあたる頃，「**心の理論**」（theory of mind：第3章参照）を獲得する。一方定型発達児は，「心の理論」を4歳で獲得し，それ以外にも他者が自分をどうみているかについて表情や雰囲気から直観的に感じる力をもっている。高機能自閉症児はそのような直観的に感じる力が弱いまま，9歳過ぎになって突然，他者が自分をどう思っているかに気づく（別府・野村，2005）。その気づきが突然であるため，気づきの内容が他者のネガティブな評価である場合（例えば，「変な子」と思われている），定型発達児とは比較にならないほど激しい疎外感や孤独感を感じやすい。これが自尊心を低めることにつながるのである。仲間のなかで失敗経験をつくりやすい高機能自閉症児の場合，この可能性は決して低くない。だからこそ，高機能

自閉症児の自尊心を高めるためには,自分に対するポジティブな評価をもつ仲間関係をつくりだすことが重要となるのである。そしてそれは通常学級で生活する高機能自閉症児の場合,障害をもたない子との仲間関係がどのように構築されるかにかかっているのである。

◆ 個別指導と集団指導の相乗的効果

この章以後,集団指導のなかで高機能自閉症児の自尊心を高める支援のあり方について論じる。ただしそれは個別指導を否定するものではない。逆に,集団指導と相補的な関係で個別指導の場も保障することで,両者の支援が相乗的に効果をもつことが実践のなかで示されてきている。

> 事例7-2　個別指導での達成感が集団場面での言動に影響を与える
> 　事例7-1のA君は,同じ頃週1回1時間の個別指導をしてもらえる地域の通級指導教室に通うようになった。そこでは聴覚過敏に配慮して静かで落ち着いた空間が用意でき,わかりやすい教材で教師に1対1でかかわってもらえた。その結果,通常学級ではなかなかできなかった1時間授業に集中して取り組むこともできるようになった。A君は通級指導教室でがんばれた日は,帰りにお母さんにほめられるとうれしそうに笑うとのことであった。そしてその翌日は,通常学級でも落ち着くことが多く,それが教師や仲間から「今日,がんばってるね」と評価されやすい姿を生み出すこととなった。

子どもに多様な生活の場を用意することは,子どもの異なった要求に応える場の保障でもある。A君の例でいえば,個別指導で学習に1時間取り組む課題を達成でき,それによって通常学級で

の活動が落ち着いたことが,仲間から評価されることとなった。

　事例や環境条件によって,実際の集団指導と個別指導のあり方はさまざまである。利用できる個別指導の場がなく,集団指導の場しか保障できない場合もある。逆に,二次障害で人の存在に対する過敏さを強める子のなかには,集団によって引き起こされる激しい不安と不快の波から本人を守るために,終日,他者が入ってこない個別指導の時空間を保障することが必要な場合もある。個別指導と集団指導は,その子どもの状態と利用できる社会的資源を考えながら,柔軟性をもって行わなければならないことは当然である。

　しかし本来的に,高機能自閉症児の自尊心を高めるためには,その子の状態を丁寧に吟味し多様な要求に応じることが必要となる。そのためには,個別指導と集団指導が相補的に作用しあえるシステムの構築を構想することが重要と考えられる。その意味で,本章以下で述べる趣旨も,集団指導か個別指導かという二者択一を問うのではないことをあらためて述べておきたい。

◈ 競争的自己肯定感と共感的自己肯定感

　集団指導において育くむ自尊心を考える際に,筆者が意図するのは**共感的自己肯定感**（高垣,2004）である。高垣（2004）は,自己肯定感に2種類のものがあることを指摘する。1つは,競争に勝ち他者より優れたところをもつことで保たれる**競争的自己肯定感**であり,2つめは何もできなくても自分がそこにいてもよいと感じられる,自己のかけがえのなさにもとづく**共感的自己肯定感**である。

◆ 不安と表裏一体の競争的自己肯定感

　一般的には自尊心を高めるという際に，そこでいう自尊心は競争的自己肯定感と同じ意味でとらえられる場合が多い。例えば，「テストの点が上がることで自信をつけてほしい」「みんなと同じように体育祭に参加できればそれが自信になる」などの場合である。スキルを習得して何かができるようになること，わかるようになることはとても重要であり，教育の大きな目的がそこにあることは誰も否定しない。

　しかし，それが「皆と同じように」あるいは「皆よりよく」できることに重きがおかれると，それはほかの子どもと比較してできるかどうかを問うものであるため，すべての子を「できる」子と「できない」子に選別することを生み出す。「皆よりよく」「できる」子は，「皆より」「できない」子が存在してはじめて可能になるからである。高機能自閉症児にこれをあてはめる場合，それは往々にして，定型発達児と同じように行動できない彼・彼女らを，「できない」子の側に選別することにつながってしまう。高機能自閉症児の場合，テストや給食の順番などで一番になることにとにかくこだわり，一番になれないと激しい不安を感じパニックになる「**一番病**」(清水・中村・日戸, 2001) といわれる問題行動を示すことがある。そういった問題行動を示しやすい高機能自閉症児にとっては，「できない」という評価は，ほかの子以上に自尊心を激しく低めることが予想される。

　しかし仮に「できる」子になったとしても，それは自尊心を高めることには必ずしも結びつかない。なぜならそれは，「できない」不安と表裏一体なものだからである。算数のテストで90点をとりクラスで1番よい点をとった場合を考えてみる。そこでの

「できる」自信は，未来永劫続くものではなく，「今・ここ」でのことにすぎない。つまりそこでの自信は次のテストでは1番になれないかもしれない不安を伴ったものである。しかも，新しい学習で自分も多くを習得し次のテストで95点をとったとしても，ほかの子が100点をとれば自分は1番ではなくなる。つまり，自分の学んだ成長が評価されるのでなく，その評価の基準は「みんなよりもよいかどうか」という他者に依存した相対的なものである。

　そして，皆が自分より成績が悪ければまた自分は1番になれるのだからそのために，自分が成長することより，他者を蹴落とすことも有効な手段になってしまう。「できない」子も，自分より「できない」子をつくることでその子よりは「できる」子になろうとするのも同じであろう。競争的自己肯定感をもつことは，往々にしてこのように，自分を仲間から分断することを強め，仲間とつながり合うことを難しくするのである。

　このように競争的自己肯定感はたとえもてた場合も，みんなよりいつかはできなくなるのではないか，という不安をつねに背景にもったものとならざるをえない。競争に負けて自己肯定感をもてない子はもちろんであるが，それに勝って競争的自己肯定感をもてる子もつねに追い立てられる不安にさいなまれることになる。しかもそれを追求することは，仲間とつながることをさらに難しくする。結局それだけでは，「自分は自分であっていい」という自尊心を生み出せないのである。

◆ 共感的自己肯定感を育む

(1) 過去の自分との比較

では競争的自己肯定感と異なる共感的自己肯定感は、どうやって形成されるのだろうか。競争的自己肯定感が、「今・ここで」の、他者と比較して「他者より」「できる」ことを大切にするとすれば、その逆の支援が重要となる。1つは、「今・ここで」「他者より」「できる」ことでなく、過去の自分と比較して「できる」「わかる」ようになることを増やし、かつそれが本人の喜びとつながるようにすることである。勉強でいえば、テストの点数が皆よりよいという、他者との比較に依存した評価はあてはまらない。そうではなく、例えば自分がそれまでわからなかった分数の割り算の意味がわかるようになったことの評価である。これは、論理をもった世界を自分が新たに知り、「世界とつながれた」喜びを伴う。そういった喜びを知るために多くの人はわからない世界と格闘し努力する。その結果、ある世界がわからなかった自分(「過去の自分」)が、わかるようになった「新しい自分」に変化する喜びでもある。「できる」ことがそれにとどまらず、「世界とつながれた」喜び、「新たな自分」を発見できた喜びへとつながる。それを大人が意図して教育し、その視点から評価することが大切になる。今回は十分ふれられないが、その意味で、高機能自閉症児が「わかる」「納得できる」授業の創造は強く求められるところである（これについて近年、実践的な検討〔例えば、湯浅, 2009〕が行われ始めている）。

(2) できない自分も認めてくれる他者

2つめは、できない自分も認めてくれる他者の存在である。誰でも、「できない自分」「がんばれない自分」をもっている。そう

いった自分も自分であると受けとめられる力が，自尊心には必要である。そしてそのためには，できない自分も認めてくれる他者の存在が絶対不可欠となる。その他者として，家族や教師といった大人も大事であるが，自他関係を意識し始める思春期以後は仲間がよりいっそう必要となると考えられる。

他者より「できる」ことに価値をおく競争的自己肯定感は，「できない」他者はもちろん，「できない」自分も認められない。しかし実際には，高機能自閉症児だけでなくどの子も「できない自分」をかかえている。そういった一見ネガティブな自分を否定するのでなく，それをかかえるつらさや悩みを出し合える他者と出会えることが，自分を肯定的に受けとめる大きな力となる。同じつらさをかかえていることをお互いに実感し合うなかで，他者とつながる仲間集団が形成できる。大人に求められるのは，「できない自分」もお互いに出し合い受けとめ合える**仲間集団**（多くは，高機能自閉症児が所属する通常学級の学級集団）を意図的に形成し，それによって高機能自閉症児が自分の存在価値を実感できるように支援することであると考えられる。

2　学級集団づくりと高機能自閉症児の育ち

◆ 高機能自閉症児の支援と学級集団支援の関係

第1節で，高機能自閉症児に共感的自己肯定感を育むために，それぞれの子どもが，「できる自分」だけでなく「できない自分」も仲間から認められていると感じられる学級集団の形成が重要で

あることを述べた。それではそういった学級集団づくりには、どんなことが必要なのだろうか。

　高機能自閉症児の支援を通常学級で行う際に学校の教師から出されるのが、「その場合、自閉症児以外のほかの子はどうなるのか？」という疑問である。先ほどの事例7-1でみたように、高機能自閉症児に合わせた支援をすれば、それはほかの子には十分手をかけられない状況を生み出すことがあるからであろう。これは現実的な対応として、高機能自閉症児を「どこまで通常学級集団に入れるべきか」という問いになっていく。事例7-1のA君でいえば、彼をどこまで運動会の踊りに参加させたらいいのか、あるいは参加させなくてもいいのか、という問いである。

　しかし高機能自閉症児を含んだ集団づくりは、この問い自体に問題があることを指摘する。なぜなら、高機能自閉症児と定型発達児のどちらか一方だけが大切にされ他方が大切にされない集団は、どちらも「自分は自分であっていい」という自尊心を実感できないからである。同じクラスのなかで大切にされない人を目のあたりにすることは、いつか自分もそういう（大切にされない）立場に陥るかもしれないという不安を引き起こす。人をいじめるのは、自分がいじめられないためにそうするという論理と同じ論理がその集団では成り立ってしまう。

　そうではなく、高機能自閉症児も定型発達児もともに、自分がこの学級で大切にされている感覚をもてるクラスにすることが大切である。それによって、1人ひとりが学級を自分の**居場所**と感じられ「自分が自分であっていい」と実感できるようになる。そのなかで高機能自閉症児もはじめて、共感的自己肯定感である自尊心をもつことができると考えるからである。

◈ 同化・排除の集団でなく、異質・共同の集団を

 それはいうのは簡単だが、実行は難しいといわれるかもしれない。困難を伴うのは確かではあるが、実行する際のポイントとなる方向を見定めた支援は可能である。軽度発達障害児を含む集団づくりを研究している湯浅（2008）は方向性の1つを、**同化・排除の集団ではなく、異質・共同の集団をつくること**、と指摘した。

(1) 共同体モデル：同化・排除の集団

 「高機能自閉症児をどこまで通常学級の活動（例えば運動会）に参加させていいか？」という問いは、同化・排除の集団づくりを前提にした考えといえる。事例7-1のA君を運動会の踊りにどこまで参加させるかを考えてみよう。その集団づくりの基本にあるのは、定型発達児が行う運動会の踊りに皆が参加するという原則である。定型発達児の活動が前提にあり、そこに高機能自閉症児をどこまで参加させるかという発想なのである。それは、すでに共同体として存在している定型発達児の活動や生活がモデルとしてあり、そこから外れる子（ここでいえば高機能自閉症児）をどこまでそのモデルに同化させるかを問題とするものである。しかしこれは裏返せば、高機能自閉症児のユニークな感じ方や考え方、A君でいえば先生の大声を聴覚過敏のために激しい不快と感じることについては、考慮しないことを意味する。つまり、聴覚過敏による不快感は「できるだけ感じなくなる」のがよいのであり、そのような（定型発達児の）集団への適応が早く・しっかりできるのがよい支援とされる。そこでは、高機能自閉症児の独特の感覚や考え方は、当事者にとって排除されることになる。湯浅（2008）はこれを、定型発達児の共同体に高機能自閉症児を適応させることを目的としているとし、「**共同体モデル**」と呼んだ（図

図7-1 集団づくりの2つのタイプ

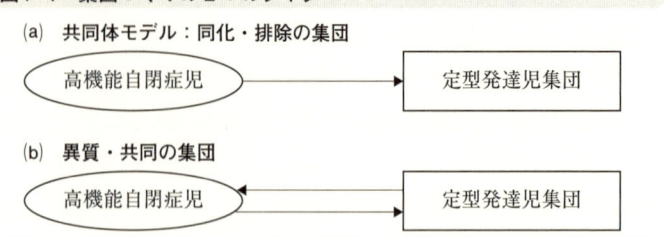

(a) 共同体モデル：同化・排除の集団

高機能自閉症児 → 定型発達児集団

(b) 異質・共同の集団

高機能自閉症児 ← 定型発達児集団

7-1(a)参照)。

(2) 高機能自閉症児の世界を定型発達児が共有：異質・共同の集団

 しかし，高機能自閉症児を，定型発達児の集団に入れる（適応させる）ことのみを目標に迫ることは，実践的には失敗することが少なくない。なぜなら，そこには高機能自閉症児を適応させるという視点のみがあり，高機能自閉症児の内面にどう共感し，彼・彼女らの仲間とかかわろうという意欲や気持ちをどう育てるかという視点が欠けているからである。

 高機能自閉症児が集団のなかで生活することの意味は，そこで「他者とつながる経験」をつくるところにこそある。自分が楽しいと思うことを一緒に楽しんでくれた，みんなが悲しいと思うことを一緒に悲しめた，自分の気持ちをわかってくれた。そういう「他者とつながる経験」において，高機能自閉症児は障害により，独自の困難さをもっている点は例えば事例7-1で述べた通りである。しかし，その点に十分配慮と工夫をした環境とかかわりを行い，「他者とつながる経験」をつくることは可能なのである。

 湯浅（2008）は，そのために共同体モデルではなく，まず定型発達児の集団が高機能自閉症児の世界に丁寧に寄り添えるような生活，場面をつくることの重要性を強調した（図7-1(b)の左方向

への矢印←)。実践的にはその後で，高機能自閉症児が自ら定型発達児の集団に参加したい気持ちを強め行動するためである（図7-1(b)の右方向への矢印→）。定型発達児が高機能自閉症児の世界に寄り添うことは結果として，高機能自閉症児が他者にわかってもらえた「他者とつながる経験」の喜びを実感することをうみだす。それが高機能自閉症児の側に，定型発達児の集団に入りたい意欲を生み出させ，結果として定型発達児の集団に入る行動を可能にするのである。

(3) A君の場合

> **事例7-3　A君の聴覚過敏による恐怖を皆で共有する**
>
> 　事例7-1でふれたA君の聴覚過敏の問題は，運動会に意欲的に取り組み始めたクラスのほかの子にはとても厄介な問題に映った。「なんでA君はちゃんと踊りをしないんだ」という批判も聞かれるようになった。担任はクラスのほかの子たちの踊りに対する意欲の高まりはちゃんとことばで評価し認めつつ，A君の聴覚過敏による激しい不安も皆に説明した。冷静になったA君に担任は，「A君は大きな音を突然聞くととても恐くなっちゃうんじゃないの？」と問いかけた。皆と同じように自分を責めると思っていた担任がそうではなく自分の気持ちを聞いてくれたことであれっと思ったのか，A君は「そうなの」と答えてくれた。そこで担任はほかの子でも，お化け屋敷で突然人形がさっと出ると恐くて，「キャー」と言ったり「やめて」とパニックになったりする子はいないか，と問いかける。「そういうことある」という意見も出たところで，A君は，大きな音が突然鳴るとお化け屋敷で「恐い！」と思った子と同じような気持ちになってしまうのではないか，と語りかける。そうだとするとそういう場面で，「踊り，ちゃんとやれ！」と大声で励

ますことは，お化け屋敷で恐がっている子にお化け人形を次々出して「ほら大丈夫でしょ！」というのと同じで，その子はさらに恐くなったりパニックになってしまうのではないかと話をする。だから，A君が耳を塞いで座り込んだりしたらそっとしておいて，あとで小さい声で「皆のところへ行こう」と誘ったらいいかもしれないね，と確認していった。

事例7-4　A君の運動会の取り組み

　結局A君は，踊りの音楽も不快な音刺激になってしまった。そこで担任は，踊りの練習は休んでもいいことを伝えた。最初ほっとしていたA君であったが，少しするとイライラした姿もみせるようになった。彼は聴覚過敏による不安を認められた安心を感じた一方で，次第に，皆の練習に参加しない（あるいは皆の練習を乱す）自分をだめな自分と思ったためのようであった。そこで担任は，絵の好きなA君に，練習に参加しない代わりに，踊りの際に立てかける横断幕を描く仕事を用意した。彼は，横断幕を描くことで自分なりに皆の活動に間接的に参加している実感をもてることがうれしかったようで，イライラ感は減っていった。1ヵ月後，練習の最後のほうでは，気持ちが落ち着いたからか，絵を描きながらも体育館で練習する皆の様子を入り口からそっと見に行ったり，家で踊りを家族に披露する姿などがみられた。そして当日は，お母さんに買ってもらった耳栓をしながら踊りに参加できたのである。

(4) 異質を認め，異質なものをもっている者同士が共同する集団を

　A君のクラスでの集団づくりは，異質・共同の集団づくりであった。そこでは，A君がもっている高機能自閉症という障害（特徴）をなくすべきものととらえるのでなく，無視するのでもなく，障害をもっていない子も含めてみんながもっている異質さととら

え認めるところから出発している。これは、異質さを認めることにとどまらず、それによって当事者が感じていること（A君の聴覚過敏でいえば、大きな音がとても恐怖であること）を自分の身に引きつけて共感的に理解することでもあった。ここではそれを、担任教師がA君の気持ちを代弁することで行った。それによって当事者であるA君自身は、聴覚過敏によって恐怖を感じパニックにもなる自分を認められたと感じ、そんな自分を少しずつ受けとめられるようになったと思われる。

　加えて、横断幕の絵を描くというA君の役割をつくったことは大切な意味をもつ。それはA君の高機能自閉症児としての特徴に配慮しながら、彼が運動会の踊りを「共同」してつくりだす一員であることを実感できる取り組みだったからである。運動会当日の踊りにA君が参加できるかどうかは結果であり、この取り組みにおいては大きな問題ではない。それより、たとえ同じ場で参加できなくても一緒に踊りという活動に取り組めた感覚を、A君はもちろんだが、ほかの仲間も感じることができたことが重要なのである。

　このように、高機能自閉症児が「異質」さを共感的に認められ、そのうえで「共同」できる達成感を感じられる経験は、集団にいることの居心地のよさを感じることにつながる。それは確実に、高機能自閉症児自身が定型発達児の集団に入っていきたい意欲を育むことにつながると考えられる。

　図7-1(b)のような高機能自閉症児の世界に定型発達児が共感的に寄り添い共同できる活動をつくりだすためには、教師をはじめとする大人がどのように両者の関係を媒介し活動を用意するかがきわめて重要となる。具体的には、①高機能自閉症児の言動に、

その子にとっては必然的な理由（意味）があることを，当事者はもちろん，周りの子にも納得できるように大人が代弁して伝えること，②そのうえで両者がそれぞれの形で「共同」できる活動を創造することが求められる。

加えてそれは，子どもの発達段階や，教育組織の質によって異なってくるものでもある。とりわけ子どもの発達段階としては，9, 10歳の節（ふし）が重要となる。そこで第8, 9章では，9, 10歳の節以前の小学校低・中学年と，それ以後の小学校高学年・中学校を分けて論じることにする。

もう1点ふれておきたいのは，先生の高機能自閉症児に対する態度は，ほかのさまざまな不安（仲間がいない，お母さんがうるさい，勉強がわからないなど）をもつ定型発達児にも大きな意味をもつということである。彼・彼女らは，高機能自閉症児に対する先生のそういった対応により，自分も不安を言っていい，要求を出していい，と実感できるからである。これが高機能自閉症児に対してだけでなく，定型発達児同士においても，互いにもっている異質さを受け入れ共同する仲間関係を形成していく契機となる。その意味ではこういった集団づくりは，高機能自閉症児にとってだけ居心地のいい集団ではなく，それ以外の子も含めて皆が居場所と感じられる集団にすることが重要な目標となるのである。

3　心理専門職としてのコンサルテーション

以上，高機能自閉症児に自尊心を育むための集団づくりについ

て述べてきた。しかし第2節で述べたことは，学校の教師だから取り組める内容ともいえる。高機能自閉症児の支援にかかわる心理専門職には，例えばスクールカウンセラーなどの相談業務に携わる者もいるが，集団づくりに関してその役割はあるのだろうか。

心理専門職は集団づくりに直接タッチできないからこの問題には関与できないといわれることがあるが，それは正しくない。心理専門職は，学級担任や教員集団が第1,2節でふれた支援の方向を共有できるように支援するための大きな役割がある。それは，専門職同士の連携である**コンサルテーション**を行う役割である。相談をする人を**コンサルティ**，相談を受ける人を**コンサルタント**とすると，学校教師（あるいは教師集団）がコンサルティ，心理専門職がコンサルタントとなる。

心理専門職が，高機能自閉症児者の自尊心を育てる学級集団づくりを進める方向で，教師に対してコンサルテーションを行うためには，以下の2点が重要となる。1つは当然であるが，コンサルタントである心理専門職が，第1,2節で述べたことの重要性を理解し，内容を自らのものとして把握していることである。

2つめは，心理専門職が理解していることを，コンサルティである教師が我がものとできるような伝え方を工夫することである。なぜなら，コンサルテーションがうまくいくためには，コンサルティとコンサルタントが対等・共同の関係で行われることが必須だからである（浜谷, 2006）。しかし実際にはこの対等・共同の関係に困難が生じ実践が進まない場合は少なくない。ここではコンサルティである担任教師や教師集団とコンサルタントである心理専門職が対等・共同の関係をつくるうえで重要となる視点を，以下3点に絞って述べる。

◆ 教師としての自己効力感を高める方向でのコンサルテーション

1つは，教師にコンサルテーションを行う場合，教師の教師としての**自己効力感**（self efficacy）を高める方向で行うということである。高機能自閉症児の理解と支援には，障害に関する専門的知識や経験が大きな役割を果たす。知識と経験がある心理専門職のアドバイスは，その知識と経験を有しない教師には，意見や批判を出す手がかりをもたないという意味で「上位からの威圧的意見」に映りやすい。その場合，心理専門職のアドバイスを批判的に吟味することができないため，子ども理解でなく指導方法までアドバイスを機械的に受け入れる傾向を生み出す。本来，教師は，子ども理解と指導方法に専門性を有する職種である。アドバイスの押しつけはその専門性を否定することになり，その結果教師としての自己効力感を著しく低下させる場合がある。田村（2008）は，教師が自己効力感を低下させると，相談など人に援助を求める**被援助志向性**も低下することを指摘した。これは逆にいえば，教師の自己効力感を高めることが被援助志向性を高め，それが心理専門職のコンサルテーションを自ら求めやすくなることを意味しているのである。

◆ 教師の専門性が発揮しやすい場面をつくる──巡回相談

2つは，1つめの指摘を実施するために，コンサルテーションを行う際に，教師の専門性が発揮される場面をつくることである。例えば浜谷（2006）は巡回相談の際に，対象児童の生育歴やこれまでの指導，家族状況，学校での様子の観察を教師から提出することを求めている。これと巡回指導員が行う知能検査と行動観察の結果を付き合わせ，対象児童の理解と支援のあり方を協議する

検討会をもつようにする。これは，教師だから知りえて，収集できる情報を提出してもらうことで，そこに教師の専門性を発揮する場をつくることになる。検討会においては，心理専門職が専門性を発揮する知能検査の結果と教師の専門性が発揮される情報を付き合わせることで，児童理解はさらに深まることが予想される。あわせて対等・共同のかたちでの検討会になるために，支援のあり方についても，基本的な方向性は心理専門職が提起しながらも，それをどう具体化するかは教師の専門性を尊重した議論が展開されるよう会議を運営する必要がある。

　これについて，児童理解や支援における教師の専門性を発揮するために，別府ら（2004）は，次のような提起をしている。それは，児童理解を心理検査や生育歴からのみ行うのでなく，具体的な授業場面をビデオ録画し，それを一緒に観ながらそこにあらわれる具体的特徴を解説するやり方をとることである。例えばそこでは，書写の授業で漢字がうまく覚えられない小学3年生の児童が，実はLD（学習障害）の疑いがあり，その1つである視覚的作業記憶が弱いため，モデルとなる漢字を見てからすぐ下のマス目に書くまでの間，記憶を保持できないこと，だから漢字の細部が何度でも間違ってしまうことを説明した。

　LDという障害を障害の定義や知能検査の結果から示すのでなく，教師が日々行っている授業場面でのあらわれとして説明することで，教師自身はその子の困難感の内容を主体的に理解することができた。それが次に支援の仕方を議論する際に，「自分ならあそこではこんな工夫をしてみたい」という創造的意見を出すことにつながった。授業という教師の専門性が最も発揮されやすい場面をあえて題材にし，児童理解と支援のあり方を議論すること

は重要である。

◆ 学校組織に対するコンサルテーション

3つめは，学級集団や組織のあり方に対するコンサルテーションを意図的に行うことである（淵上, 2005）。上記のようなコンサルテーションをより効果的に行うためには，コンサルテーションに対する校長などの管理職や教育委員会の認識が大きく影響する。困ったことを自分だけでかかえ込むのではなく他者に相談できる雰囲気が，教師集団にあるかどうか。他者に相談できる雰囲気が強ければ，それは学校外の存在である心理専門職にも胸襟を開く大きな動因となるはずである。一方，教師が管理職や教育委員会に「管理的に」指導されると，教師自身が「管理的な」人間関係に絡めとられ，子どもや親にも「管理的に」対応する傾向が強くなることも指摘されている（佐貫, 2009）。そこには，管理職の意向や教師集団の多数が認める論理に1人ひとりの教師を同化させ，それができなければ排除する教師集団がつくられていることを意味する。

大人集団が「同化・排除」の論理で貫かれながら，子どもには「異質・共同」の論理が貫く集団づくりを求めることは，矛盾するものであり難しいであろう。他者の異質さを認めそのうえで共同する「異質・共同」の論理に貫かれた教師集団をつくること，そのためのコンサルテーションの開発が求められている。

引用・参考文献

Bauminger, N., & Kasari, C.（2000）Loneliness and friendship in high-functioning children with autism. *Child Development*, 71, 447-456.

別府悦子・熊田正俊・高田美恵子・藤田由紀子（2004）「通常学級における学習困難をもつ児童の特別支援と学校体制について──『特別なわかり方』を必要とする事例を中心に」『中部学院大学・中部学院大学短期大学部研究紀要』4, 33-45.

別府哲・野村香代（2005）「高機能自閉症児は健常児と異なる『心の理論』をもつのか──『誤った信念』課題とその言語的理由付けにおける健常児との比較」『発達心理学研究』16, 257-264.

淵上克義（2005）『学校組織の心理学』日本文化科学社

浜谷直人（2006）「小学校通常学級における巡回相談による軽度発達障害児等の教育実践への支援モデル」『教育心理学研究』54, 395-407.

京都ひきこもりと不登校の家族会ノンラベル編（2005）『どう関わる？ 思春期・青年期のアスペルガー障害──「生きにくさ」の理解と援助のために』かもがわ出版

佐貫浩（2009）『学力と新自由主義──「自己責任」から「共に生きる」学力へ』大月書店

清水康夫・中村泉・日戸由刈（2001）「『一番になりたい！』──高機能自閉症において社会性の発達に伴って生じる新たな固執症状への早期対応」『総合リハビリテーション』29, 339-345.

高垣忠一郎（2004）『生きることと自己肯定感』新日本出版社

田村修一（2008）『教師の被援助志向性に関する心理学的研究──教師のバーンアウトの予防を目指して』風間書房

湯浅恭正編（2008）『困っている子と集団づくり──発達障害と特別支援教育』クリエイツかもがわ

湯浅恭正編（2009）『自立への挑戦と授業づくり・学級づくり──中学校～高校』（特別支援教育を変える授業づくり・学級づくり3）明治図書

Column 3

ユニバーサルデザイン

ユニバーサルデザインとは　ロン・メイス（R. Mace）によれば，「すべての年齢や能力の人々に対し，可能な限り最大限に使いやすい製品や環境のデザイン」と定義されている。特別支援教育が進むにつれて，通常学級において「ユニバーサルデザインの授業」あるいは「ユニバーサルデザインの学級運営」という表現がきかれるようになってきた。これは，高機能自閉症やLDなど発達障害のある子どもたちへの対応を指している印象があるかもしれないが，むしろすべての子どものニーズに可能な限り対応した授業・学級運営を指している。したがって，高機能自閉症やLDだけでなく，つまずきのある子どもや能力の高い子どもへの対応も含まれる。

ユニバーサルデザインを意識した授業・学級経営　そもそもユニバーサルデザインという用語は，物理的環境デザインの分野から提案されてきた。したがって，ユニバーサルデザインの授業・学級経営を実行するには，授業・学級経営においては，できるだけ子どもたちにとって汎用性の高い，教材・教具の工夫，授業の流れ，さらには教室環境といったハード的な側面への支援が重視される。しかし，ハード面に加えて実際の学校教育現場では，教師と子ども，あるいは子ども同士の関係といったソフトな側面こそ，ユニバーサルデザインを意識した取り組みが実行される必要がある。なぜなら，特別な支援を実行する際には，「どうして，あの子だけ」という子ども側の疑問に対して，それを認めるような関係づくりが求められるためである。つまり，1人ひとりの違いを認め合い，信頼し合い，互いに助け合うような人間関係があってこそ，ユニバーサルデザインの授業・学級経営は実現するといえよう。

引用・参考文献
小島道生（2008）「特別支援教育を推進するための学級経営とは（通常の学級）」『特別支援教育の実践情報』**124**, 8-9.

第8章

小学校低・中学年での支援の実際

9,10歳の節以前

第8章と第9章では,第7章で示した高機能自閉症児の自尊心を育むための学級集団づくりについて述べる。その実践を行う際には,子どもの発達を丁寧に考慮することは必要不可欠である。一方,高機能自閉症児も定型発達児も,9,10歳に発達の節(ふし)があり,彼・彼女らにとっての集団の意味が大きく変わることが指摘されている。そこでまず第8章では,9,10歳の節以前の時期(小学校低学年～中学年)を取り上げ,その時期の発達と集団づくりを自尊心を育むという視点から検討することにする。

1　9,10歳の節を考慮した支援

◈ 9,10歳の「壁」ではなく「節」

　第7章でも述べたように,この支援の基本は,通常学級のなかに「同化・排除」の集団ではなく,「異質・共同」の論理に貫かれた集団をつくることにあると考えられる。しかしそれが集団づくりである以上,高機能自閉症児とそのほかの子双方の発達の状態を考慮しなければいけない。それに関して,小学校低学年・中学年と高学年以上において,発達の質が異なることが指摘されている。これまで9,10歳の節(ふし)と呼ばれてきたものである。

　これは当初,聴覚障害児教育を行ううえで聴覚障害児の多くが9,10歳頃から学習上のつまずきを顕著に示すことが注目され,それを「9,10歳の壁」と呼んだことを始まりとする。しかし後の研究でそれは「壁」ではなく,認知発達における質的な変化を示す「節」であることが明らかにされてきた。つまり,適切な教

育を保障すれば障害児でも乗り越えられる「節」なのである。

◆ 9, 10歳の節と集団づくり

　9, 10歳頃は，認知的な側面に加えて人格的な側面においても質的な変化を伴う時期である。その内容は類書（加藤, 1987；日下・加藤, 1991；心理科学研究会, 2009）に譲るとして，ここでは集団づくりを考えるうえで大きな意味をもつ点に限定して述べる。それはこの時期に，定型発達児は**精神的自立**の始まりを示すということである。現象上はさまざまであるが，基本的には大人（特に身近な大人である両親や先生）との依存関係から抜け出し（自立し），大人の介在しない子ども同士の関係をつくろうとすることにあらわれる。一昔前でいえば，子ども同士で秘密基地をつくったり，放課後や休みに集まって遊ぶ特定の数人の仲間集団（ギャンググループと呼ぶ）をつくりたがる現象がそれにあたる。

　これは子どもが発達していくうえで必然であり必要なことである。しかし，それまで依存していた大人との関係から離れる精神的自立は生易しいことではなく，子どもはそのために多大なエネルギーを必要とする。この時期子どもたちは，大人を拒否したり（大人の指導が入らない），排他的集団（集団から外れる子をいじめる）をつくることで集団の結束を強め，それによって自立へのエネルギーを得ようとする傾向をもちやすい。これは日本においても，1990年代より「高学年女子集団」にあらわれやすい指導の難しさとして指摘されてきた（飯田・加藤, 1990）。

　つまり，9, 10歳の節を超える時期の子どもは子ども集団を形成するが，一方その集団は「同化・排除」の論理を強くもちやすいのである。当然そこで高機能自閉症児は，その異質さゆえ，排

除(例えばいじめ)のターゲットになりやすい。だからこそ、9,10歳の節以前である小学校低学年・中学年と違う視点で、高学年以後における集団を「異質・共同」の論理に貫かれたものにしていく意図的な努力と工夫が求められるのである。

◆ 高機能自閉症児と9,10歳の節

9,10歳の節は高機能自閉症児にとっても固有の意味をもつ。それは通常の発達であれば4歳で獲得される「心の理論」を、高機能自閉症児は9,10歳頃に獲得することによる。これにより読み間違いも多いが、この時期に他者の心の動きに気づくようになる。同時にこれは、**自他関係**(例えば、自分とある子が友達であること)の存在への気づきも生み出す。

定型発達児は、意識的に他者の心を理解する前に、情動や身体感覚でなんとなく**他者の心が直観的にわかる**力をもっている。直観的にわかる力をもったうえで、「心の理論」を獲得する。ところが高機能自閉症児は直観的にわかる力は弱いまま、言語能力の発達により突然他者の心がわかるようになる(別府, 2007)。そのため突然みえだした他者の心に敏感になり、「自分は他者からどうみられているか」を、定型発達児よりも強く意識しやすいのである。定型発達児は精神的自立を始める9,10歳以後、大人よりも仲間のほうが自分にとっての重要な他者になる。自分の身近な他者である同級生がそうふるまうのをみることで、高機能自閉症児も、他者のなかで仲間の存在がより重要だと認識し始めると考えられる。その際、自分の思いが認められる仲間があれば、それが精神的安定につながり、ポジティブな自己理解や障害受容のきっかけとなる。他方、仲間と呼べる関係がなかったりいじめ関係

が存在すると,孤独感や不安が強まり,自尊心が低くなることで二次障害を引き起こしやすいことが指摘されている。高機能自閉症児自身が,仲間関係や仲間の自分に対する評価を過敏に気にする時期であるからこそ,それを考慮した支援が求められるのである。

　一方,9,10歳の節以前は,まだ高機能自閉症児自身が仲間関係を強く自覚していない。皆が自分の言動に困っている(嫌がっている)ことを十分理解できないのは,そのためでもある。しかし他方では理解できないがゆえに,本人自身が,仲間関係のトラブルがあっても尾を引いて気にすることが少ないという面もある。仲間関係の問題について,大人の側が過剰に反応したり感情的にいつまでも引きずることなく,落ち着いて支援することが重要となる。

2 小学校低・中学年での支援の実際
9,10歳の節以前

◈ 大人がかかわり方のモデルを示す

　ここからは,9,10歳の節以前,つまり小学校低学年・中学年での学級集団づくりを通しての高機能自閉症児の支援についてふれることにする。

　小学校入学前の保育園・幼稚園では,自由保育が中心であれば,高機能自閉症児は自分の好きなように行動することでトラブルは比較的表面化しにくい。しかし小学校に入ると,「授業中は40分間座っている」「皆で一緒に体育館に移動する」などルールを伴

った集団行動が増える。このように本人の変化よりも周囲の環境の変化によって、就学前に十分みえなかったトラブルが目立ってくるケースがあると指摘されている。

定型発達児が高機能自閉症児をどう理解しかかわるかは、そのトラブルを激しくしたりおさめたりする大きな環境の要因となる。その意味で、高機能自閉症児の周りにいる子、すなわち学級集団の子どもに対して、高機能自閉症児の理解と支援をどう指導するかは重要なポイントとなる。

一方この時期、一般的な子どもの他者理解は、身近な大人（例えば教師や親など）をモデルとして形成されることを特徴とする。エリクソン（E. H. Erikson）は、この時期の子どもを「**勤勉性─劣等感**」の対立としてとらえようとした。小学校低・中学年の子どもは、大人という存在に憧れをもち、身近な大人（例えば教師や親など）のようになりたい、その人と同じようにできるようになりたいと思い、それをモデルに勤勉に努力する傾向がある。これは一方でそれができなかった際に「劣等感」を感じることにもなるが、それだけに大人の言動がほかの時期よりも大きな意味をもつことを示している。

だからこそ身近な大人である教師が高機能自閉症児の思いを代弁し共感してかかわれば、それが周囲の子どもの、高機能自閉症児理解のモデルとなりやすいのである。子どもは教師の態度を鏡のように映し返すといわれるが、9, 10歳以前はそれがストレートにあらわれる。言い換えれば身近な大人が、高機能自閉症児を理解しかかわるモデルを丁寧に示すことで、子ども同士のかかわりは大きく変わるということである。ここでは、そのポイントとなることを、3点述べる。

◈「異質」な行動の意味と思いを代弁する

まず大人が示すモデルで大切となるのは，高機能自閉症児の「異質」な行動をどう理解し，代弁するかということである。

> **事例8-1　小学2年生の高機能自閉症男児A君**
>
> 　A君は音楽の授業参観で，リコーダーを聞こえないぐらい小さな音で吹いていた。実は同じクラスで小学1年生の授業参観の時，お母さんに連れられてきた同級生のきょうだい（1歳）が，皆の大声で大泣きしたことがあった。彼は聴覚過敏があり赤ちゃんの泣き声は大嫌いだった。2年生の時も赤ちゃんがいるのをみて，泣き声を聞きたくないから小さな音で吹いたのではないかと母親はあとで語られた。担任はそこでは何もふれず，授業が終わる際に，「A君，赤ちゃんが泣かないように笛，小さい音で吹いてあげたんだねえ。優しいねえ」と皆の前で評価した。それを聞いて，「なぜそんな小さな音で吹くの？」と不審に思っていた周囲の子たちが，へぇ～っという表情に変わった。A君も，最初はあれっという顔だったが皆の「優しいね」ということばかけで次第に笑顔になった。

　A君は，最初から赤ちゃんに優しくしようと思ってそうしたのではない。その意味で先生が指摘した彼の思いは，先生の勝手な意味づけと思われるかもしれない。しかし特に9, 10歳の節以前の場合，最初からその子に存在する「思い」もあれば，周りの人とのやりとりで育つ「思い」も存在する。嫌な泣き声を聞きたくないからとった彼の行動を，教師は小さい子に優しい行動と解釈した。この解釈と評価により，A君はもちろん，周囲の子も，彼の一見「異質」な行動にポジティブな意味を発見することになった。

これがA君のなかに「他者に認められる」喜びと「他者に認められたい」要求を育てたのであろう。この後，彼は小さい子をみると，声をひそめるだけでなく，小さい子に玩具を渡したりして「Aちゃん，優しい？」と大人に聞くことがあったそうである。子どもの思いを代弁するのは，彼・彼女が今思っていることの**代弁**だけでなく，**未来の思いを育てること**を含んでいるのである。

　この時期の子どもの思いを育てるということは，①まずその子の思いをちゃんと聴き取り，②事実だけでなくその子のつらさや喜びを共感して代弁し，③できるならば当事者の行動に新たなポジティブな意味を付け加えること，と考えられる。そしてこの①，②を大人が想像力をはたらかせて理解するうえで，感覚過敏，見通しの理解や心の理解の問題，**シングルフォーカス**（2つの情報を同時に処理することが苦手であること。例えば「先生の話を聞き」ながら「黒板の文字を見る」のが難しく，そのどちらか一方の情報処理をすると他方の情報処理が困難になること）といった高機能自閉症の障害特徴（第1, 2, 3, 4章参照）の理解がとても重要になる。A君の場合，**感覚過敏**の1つである聴覚過敏の理解がなければ教師はこのような代弁はできなかった。「異質」な行動を，ただ「高機能自閉症児の特徴」ととらえるのでなく，そこに隠された，本人も自覚していない潜在的な思いを読み取り育てることが大切なのである。

◆ 本人の好きな世界での出番をつくる

　高機能自閉症児が示す「異質」な行動は，当事者の苦しさや悩みの表現の場合もあれば，彼・彼女らの好きな楽しい世界を示す場合もある。

> **事例 8-2 「異質」な世界をもつ小学1年生のB君**
>
> 虫がとても好きな子で、授業中教室から抜け出して虫ばかり触っている。担任教師は彼を「また教室を抜け出した」問題な子とだけとらえず、その世界がとても好きであると理解した。そのため例えば、生活科の「春をさがそう」の授業で彼の出番を意図的につくった。校庭へ春を探しに行った時、彼が授業とは関係なくいつものように虫をみつけ触っているところへ行き、「すごい、B君こんな虫知っているんだね」と皆を意識しながら言うようにしたのだ。すると彼は「これは△△虫で、温帯地方にはいます」など知識を披露してくれた。担任が「虫博士だねえ」と評価する場面を繰り返すと、次第に周りの子が、B君が授業中抜け出しても、「また虫博士するんだね」「今度は何みつけたの？」と言ってくれるようになった。クラスの仲間が批判的でなく近寄ると、怒らず「○○虫」と答え、その仲間のはたらきかけがきっかけで時には教室に戻ってくることが出てきた。

通常私たちは、定型発達児のあたりまえの生活にある基準（例えば授業中は立ち歩かない）で、高機能自閉症児の「異質」さを批判しがちである。事例8-2の担任教師も、最初は生活習慣の問題ととらえ、教室へ連れ戻そうとした時はあったそうである。そして、本人が強く抵抗し押し問答のようになるうちに、周囲の子が「B君、出て行ったらだめでしょ」と批判するようになった。教師の対応がモデルになってしまい、学級集団がB君を問題視し始めたのである。そういった状況に直面するなかで、先生自身が障害の学習をあらためて行い、対応を変えた結果が上記の事例なのである。

この事例のように、高機能自閉症児の問題行動の背景に、その

子の好きな世界や対象が隠れていることは多い。昆虫のほかにも，電車，アニメ，恐竜，難しい漢字や四字熟語などのカタログ的知識，あるいは光る空気中の粒子を見たりくるくる回るものを見続けるなど感覚的な好きな世界もある。昆虫が好きなのは同年齢のほかの子でもあるだろうが，高機能自閉症児のそれによって集団行動を乱すことやその図鑑的知識（温帯地方にいるなど）は，周りの子にとって「異質」に映ると思われる。

そういう場合にまず大切なのは，その「異質」な世界を，好きな世界として，大人が共感的にとらえることである。具体的には何がおもしろいのか一緒にやってみたり，その行動のおもしろさを発見することである。そして大人が見つけた「異質」な世界のおもしろさを，周りの子に代弁する（伝える）ことが肝要となる。それによって，B君の虫探しという「異質」な世界に，学級集団のほかの子たちが興味をもって近寄る姿が生み出された。自分の好きな世界をほかの子たちと共有できた喜びが，次に，高機能自閉症児であるB君が友達のはたらきかけで教室に戻ろうとする原動力となったのである。高機能自閉症児の好きな世界を他児と共有できる時空間をつくるのは，日常生活のなかでもいいし，例えば行事（お楽しみ会や地域の人を招いての行事など）でそういうコーナーを意図的につくるのも1つである。形や時間の多少にこだわらない創意工夫が求められるところである。

◆ 仲間とのトラブルになりそうなことを前もって回避する

9, 10歳の節以前の定型発達児は，善し悪しといった結果を基準に他者の言動を判断しやすいといわれる。つまり，同じ結果であってもその意図が異なる（例えば，そのことばを相手が嫌がるこ

とがわかっていてわざと言う場合もあれば、知らずに言うこともある）場合があるという、**プロセスの理解**がまだ難しいのである。このため、大人がある行為の結果に至るプロセス、すなわち他者の意図を代弁すると、子どもはそれを「そうなんだ」とストレートに受け入れやすい。なぜなら、この時期の子どもは大人が代弁した内容を批判的に吟味する能力がまだ十分には育っていないからである。

一方このことは、高機能自閉症児の仲間とのトラブルについても、そのプロセス（すなわち意図）の内容いかんにかかわらず、結果がトラブルにならなければ周りの子はそれを否定的にとらえにくいことを意味している。9, 10歳の節を超えてプロセスを認識できるようになると、結果がトラブルにならなくても、なりそうなことをしただけで否定的に理解されることとは対照的である。だからこそ、この時期は、高機能自閉症児が「結果として」トラブルにならないよう前もって配慮することは、大きな意味があるのである。

この前もってトラブルにならないような配慮は、障害特性を考慮して考えるべきである。例えば、高機能自閉症児は、あいまいな指示を理解しにくい。小学校低学年では、それが原因で椅子にじっと座っていられないこともある。その場合、「ちゃんと座りなさい」というあいまいな指示（「ちゃんと」がどのようにしたら「ちゃんと」なのかはっきりしていない）ではなく、その子の椅子の下の足を置く位置に、足跡のシールを作って貼り、「これは、○○ちゃんシールです。座っている時はここに（シールを指さす）足を置こうね」と言うだけで座っていられるのである。

また対象と心理的距離をもてなくなる（アニメや空想などの現

実でない世界に入り込んでしまう**ファンタジーへの没頭やシングルフォーカス**にもあらわれる）という特徴は，好きな子や気になる子ができた際にその子にまとわりつくストーカー様の行動につながる時がある。好きな子の言動だけが自分の視界に入ることで，例えば相手にいつも近づいたり，相手が自分の意のままに動かないとそれだけで怒り出してしまう。相手と心理的に距離をうまくとれないのである。その際に，大人が「相手の子が好きなんだね」「仲良くなりたいんだね」というような良心的代弁をすることは，かえって事態を悪化させることが多い。なぜなら高機能自閉症児は，好きな他者を見るだけでそれに引きつけられ，結果として自分でも抑えられない感情に振り回されコントロールできない状態になりやすいからである。そこで「大好きな相手の子が嫌な気持ちになるよ」など，あいまいな表現でしかも自分をコントロールすることを暗に求められる支援は当人にとって酷であろう。それよりも，そういった他者ができたら，その他者と同じグループにならないようにするなど，物理的に離れる（接触しない）ようにすることで，「**抑えられない感情**」に振り回されないですむ状況をつくることのほうが大切となる。

個人差はあるが，この時期の高機能自閉症児は，他者が自分をどうみているかをまだ十分自覚できない。そのため，感情を認知でコントロールすることは難しいのである。「抑えきれない感情」によって問題行動につながる場合は，できる限りそういった感情が生まれる場面をつくらない（本人が出会わない）大人による環境設定が重要となるのである。

*

以上，小学校低学年・中学年における支援の留意点を3点にわ

たって述べた。この3点は,教師や大人が高機能自閉症児の気持ちに気づき,それに共感するなかで生まれるものでもある。定型発達児や障害をもたない大人の「あたりまえ」を一度突き放し,高機能自閉症児の世界に寄り添ってみることが,すべての基本である。それによって高機能自閉症児の言動が「おもしろいなあ」とか,「そんな気持ちだったのか」と思えてくれば,支援はかなりうまくいくといえる。この時期の子どもは,そういった大人の言動の背景にある態度・思いに,大きく影響されるからである。大人の人間観が問われるところであると考えられる。

引用・参考文献

別府哲(2007)「自閉症における他者理解の機能連関と形成プロセスの特異性」『障害者問題研究』34(4),259-266.

飯田哲也・加藤西郷(1990)『思春期と道徳教育――未来への希望と責任』法律文化社

加藤直樹(1987)『少年期の壁をこえる――9,10歳の節を大切に』新日本出版社

日下正一・加藤義信(1991)『発達の心理学』学術図書出版社

心理科学研究会編(2009)『小学生の生活とこころの発達』福村出版

第 **9** 章

小学校高学年・中学校での支援の実際

9,10歳の節以後

この章では、学級集団づくりを通して高機能自閉症児の自尊心を育むために必要な視点について述べることにする。その際、子どもにとっての仲間集団の意味が、9,10歳の節を境に変化することから、ここでは9,10歳の節以後の時期に焦点をあてる。その時期の発達的特徴をおさえながら、実践記録の分析をもとに支援の実際のあり方を考えてみたい。

1　ギャンググループの形成
いじめと学級集団づくり

◆ 誰もが居場所を感じられる学級集団づくり

　第8章第1節でふれたように、定型発達児は9,10歳の節を超えると、**ギャンググループ**と呼ばれる**同年齢の仲間集団**（多くは同性）を形成し始める。これは身近な大人からの精神的自立を図ろうとすることによるものである。しかしこの時期の子どもは仲間関係をつくる能力がまだ未熟であるため、誰かをいじめたり排除することをバネに仲間集団の結束力を高めやすい。そして、高機能自閉症児は、そういったいじめや排除の対象になりやすいのである。

　いじめは、いじめる立場（**加害者**）といじめられる立場（**被害者**）だけで行われるものではない。学級集団のそれ以外のメンバーがどういう立場に立つかによって、いじめの激しさは変化する。学級集団のそれ以外のメンバーが全員、いじめを見ておもしろがったりはやしたてる立場（**観衆**）や、見て見ぬふりをする立場（**傍観者**）になる時、いじめは最も激しくなる。なぜなら観衆や

図 9-1 いじめの 4 層構造

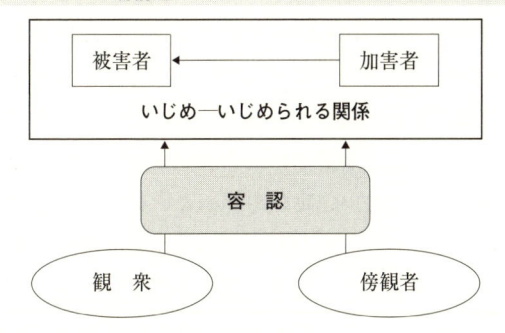

```
┌─────────┐         ┌─────────┐
│ 被害者  │ ◄────── │ 加害者  │
└─────────┘         └─────────┘
     いじめ―いじめられる関係
           ▲       ▲
           │       │
        ┌─────────────┐
        │   容　認    │
        └─────────────┘
      ╱               ╲
  ( 観　衆 )       ( 傍観者 )
```

（出所）　森田・清水, 1994 を参考に筆者作成。

傍観者は積極的かどうかの違いはあれ，どちらもいじめを容認しているからである。この被害者―加害者―観衆―傍観者を，**いじめの 4 層構造**（森田・清水, 1994）という（**図 9-1**）。孤立を恐れ同性の仲間集団をつくろうとするこの時期だからこそ，学級集団すべてがいじめの 4 層のいずれかに入ってしまう危険性は少なくない。

　高機能自閉症児へのいじめに対する支援で最も大切なのは，いじめの 4 層構造に入らないメンバーを学級集団のなかでつくることである。いじめの 4 層は，高機能自閉症児に定型発達児と同じようにふるまう（「同化」）ことを求め，そうできないから「排除」する「同化・排除」の集団のなかで生み出される。だから 4 層に入らないメンバーをつくるためには，「同化・排除」ではなく「異質・共同」の論理に貫かれた学級集団づくり（第 8 章参照）を進めることが必要となるのである。

　こういった学級集団づくりは簡単ではないが，実現の可能性は十分にある。なぜならこの時期，集団から「排除」される対象は，高機能自閉症児に限らないからである。この時期，定型発達児も

その多くが,自分が仲間集団から排除される不安を常にかかえている。そのため,高機能自閉症児はもとより,定型発達児自身も,自分が排除される不安を伴わずに受け入れられる仲間関係を強く求めているのである。

よって,いじめの4層構造に入らないメンバーは,最初から学級全員である必要はない。排除を伴わない仲間意識を求めるメンバーを数人でもつくりだすことが重要である。教師が軸となって個々のメンバーを支えることで,誰かを排除してまとまる仲間ではなく,排除されない安心感をもった仲間関係をつくりだすことができる。それは,どの子も本当は求めている仲間関係であるため,学級の他の子に影響を及ぼすことは十分に予想される。その延長線上に,学級集団の質の変化が生み出されるのである。

こういった学級集団づくりは,どの子にも,自分が仲間に安心して受け入れられる経験を保障する。その安心感が,定型発達児のなかに,異質さを強くもつ高機能自閉症児を受けとめる気持ちも育むことになるのである。

◈ 大人が高機能自閉症児の思いを理解すること

もう1ついじめのことでふれておきたいのは,大人が高機能自閉症児の思いを理解することである。いじめの4層構造(図9-1)は,子どもだけの問題ではない。高機能自閉症児はその障害がみえにくく,しかも周囲の人には常識的と思われる社会性に障害をもつため,周囲の人から感情的反感を買いやすい。それは教師をはじめ,大人も例外ではないのである。

高機能自閉症児がしょっちゅう問題を起こしたりいじめられたりした際に,周囲の大人が,障害についての理解がなくその子ど

もに感情的反感をもっていると,「あの子は,少しぐらい厳しく言われないとわからないから」と考えてしまうことがある。それは,大人自らが観衆や傍観者の立場に立ち,いじめられる関係を容認することになる。それが,いじめをさらに激化させるのは必須である。

　反対に,たとえ学級集団全員がいじめの4層構造に組み込まれていても,教師がそこに入らず,排除しない仲間関係を大切にする思いを発信すると,それが学級集団を変化させるきっかけとなることも十分ありうる。それは先にふれたように,定型発達児自身が,排除されない仲間関係を本質的には求めているからである。そして教師がそうするためには,障害の正確な理解と,目の前にいる高機能自閉症児の思いを共感的に理解する姿勢が必要となる。大人が高機能自閉症児の思いを理解することを強調する理由はここにある。

◈「直接的」支援ではなく「間接的」支援を

　第8章でふれたように,9,10歳の節は,定型発達児自身が大人への依存から脱し,**依存しながら自立**する精神的自立に取り組み始める時期である。そのため,大人が「高機能自閉症児の気持ちを理解しなさい」と「異質・共同」の論理を「直接的」に指導することは,自立しようとする子どもには大人による「強制的」指導と映りやすい。その結果,子どもがその指導に反発し,集団で教師の指導を拒否することにもつながりかねない。そうではなく,教師は「異質・共同」という価値観やモデルをあくまで提示するにとどめ,それに子ども自身が納得し共感するプロセスをつくりだす**「間接的」指導**が必要となるのである（「間接的」指導の

留意点については,第2節の実践で述べる)。

◆ **自分をみつめ直す力(自己認識)を育てる**
　一方,高機能自閉症児は9,10歳の節で「心の理論」(心を読む力)を獲得する。それは他者の心を読むだけでなく,自分の心を読む力,すなわち**自分の行動や感情を対象化する**(自分の行動や感情をみつめ直し,その原因と対応の仕方を考える)力の形成の始まりでもある。その意味で9,10歳の節以後は,信頼できる他者(教師や家族)と,自分を対象化する(みつめる)作業を本格的に行うことが可能になる時期でもある。

　9,10歳の節以前は,「抑えられない感情」を引き起こす場面を回避する支援が必要であることを述べた(第8章参照)。それに対し自分を対象化する力が芽生える9,10歳の節以後は「抑えられない感情」についても,① なぜそうなるのか,② どうやったらコントロールできるか,③ コントロールできない場合はどうやって回避するかを,高機能自閉症児本人と一緒に考え対応することが可能になる。この力は,第12章の自己認識や障害受容ともつながる大切なものと考えられる。

◆ **「困ったら相談すればいい」——相談できる力を育てる**
　さらにこの取り組みは,高機能自閉症児が自分をコントロールするスキルや力を形成することにとどまらない意味をもつ。それは,1人では困難なこの作業を信頼できる他者と一緒にやることで,「今後困っても他者に相談すればどうにかなる」という**他者と自己に対する信頼感**の形成につながることである。

　高機能自閉症児は社会性に障害をもつが,社会性はあいまいで

多様なため,それをすべてルール化することは不可能である。そのため,どんな場面でも対応できる社会性をすべて獲得させることは現実的でない。それより,「どうしていいかわからない」「困った」時に,「わかりません」とサインを出せ,**人に相談できる力**のほうが重要となるといわれる(別府, 2009)。

一方,困った時にパニックにならず相談できる力は,「相談する」とか「困った」というサインを出すスキルの習得だけではない。通常でも,任された仕事ができずに困った時に,「困ったと言うと,『そんなこともできないのか』と思われる」不安で相談できない場合は少なくない。相談できるためには,「困ったら相談してもいい」し「相談したら何か解決できるかもしれない」と感じられる他者への信頼感が必要なのである。このためには,小学校・中学校という守られた時空間での丁寧な取り組みが大きな意味をもつ。加えて,このことは「困ったら相談しても他者に受けとめてもらえる」価値のある自分と,その結果,困ったことを乗り越えられる自分を実感すること(自尊心)にもつながる。仲間に認められることに加え,大人に相談して物事を少しずつでも解決していく取り組みは,自尊心にも大きな影響を与えるのである。

2 小学校高学年の実践を通して

◆ 高機能自閉症で小学5年生の大地君

ここからは公刊された実践記録(里中, 2008)(以下,里中実践と

呼ぶ）を題材に，第 1 節で述べた点を具体的に考える。

> 事例9-1　大地君の「異質」さ
>
> 　小学 5 年生の大地君の状態は以下のようなものであった。授業中はノートに落書きをずっとしているか（①）図鑑を見ている。しかし興味ある話題になると突然大声で「それ知ってる」と話し出す（②）。整理整頓は苦手（③）で，机の上は物が乱雑に重なり今にも落ちそうである。クラス全体では積極的に意見を言うのに，グループでの話し合いになると遊んでしまい，いつも叱られる。しかし一方で，独特の甲高い声で同じ話を何回もし，周りの気を引こうとする（④）。皆からは浮いた感じで，大地君が何か言うと「大地，ちゃんとやれよ！」と周りから叱責が飛び，それに対し大地君は「オレばっかり言うなよ！」と言い返す。それがエスカレートする……の繰り返しである。

　事例9-1は，高機能自閉症の障害特徴をよくあらわしている。例えば①，②，④は，自分の行動で周りがどう感じるかをうまく読めない，すなわち他者の心の理解がうまくできないことに起因すると考えられるし，①の内容が好きな昆虫や恐竜の話なら，**ファンタジーへの没頭**とも考えられる。③の整理整頓の難しさは，教科書を出しそれを横へずらし「ながら」隙間にノートを広げるといった，「○○をしながら□□する」2つ以上のものへ注意を向けた操作の困難さ（**シングルフォーカス**）をうかがわせるものである。

　しかし実践開始時は，彼の診断は明らかになっていないし，周囲の人はそういう理解はしていない。それもあって，大地君の異質さは周りからの激しい攻撃の対象となっていた。仲間集団をつくり始めるこの時期の特徴が，それに拍車をかけていたのである。

第Ⅱ部　自尊心を大切にした支援の実際

ここでは，9,10歳の節を超えた時期において，通常学級のなかで高機能自閉症児を受けとめる実践をつくるうえで大切となることを2つに分けて述べる。1つは，学級集団の分析と集団づくりの方針であり，2つは高機能自閉症児と周囲の子どもに対する具体的対応についてである。

◈ 実践を始めるにあたって
(1) 学級集団の層（グループ）の分析
　事例9-1の大地君の姿やそれに反発するクラスの様子は，高機能自閉症児のいる学級集団でしばしばみられる姿である。そこで担任教師はどのように支援の方向を定めればよいのだろうか。

　里中実践では最初に，まず学級集団の分析を重視している。通常こういった場合，問題にされるのは，高機能自閉症児をどのように理解し指導したらいいかということである。大地君の言動は周囲の子どもにとっては異質にみえる。しかも大地君をめぐるトラブルが頻発する場面をみれば，どうしても「大地君のトラブルをどうするか」にのみ指導の焦点をあてやすくなる。しかしそれでは，大地君の思いを認めればほかの子が怒り，ほかの子の思いを認めれば大地君が怒り，となり，両者の対立構図を激化させることにつながりやすい。

　そういう視点に立つのではなく，こういった場合こそまず，学級のほかの層の子を含めた学級集団全体の理解と支援が重要となる。その理由の1つは，周囲の子たちが高機能自閉症児と「異質・共同」の関係をつくるためには，高機能自閉症児だけでも定型発達児だけでもなく，すべての子が自分の思いを受けとめられる居場所として学級を感じられる必要があるからである。高機能

自閉症児と周囲の子どもの思いを対立させるのでなく，それぞれの思い（要求）を的確に把握するための**学級分析**が必要なのである。2つは，学級集団のほかの子が高機能自閉症児の言動をどういう視点でみるかによって，問題状況は大きく変化するためである。高機能自閉症児の言動をただ問題行動ととらえることで，高機能自閉症児がそれに過敏に反応し，よけいに問題となる言動を行う場合もある。逆に高機能自閉症児の言動に理由があるととらえられることで，高機能自閉症児自身が気持ちを落ち着けやすくなることも十分ある。

里中実践は，図9-2のように，① 走り回って他児にちょっかいを出す幼く荒れた男子，② 礼儀正しく何事もがんばる過剰適応の女子，③ 男子には直接，女子からは無視されることで弱者攻撃される，大地君とそれ以外の3人の子，という3つの層を把握している。そのうえで例えば，女子の層にみられる過剰適応は，自分の弱さを出すと仲間から排除されるのではないかという不安のあらわれととらえる。その結果，どの層も共通して「本当の自分を出し，安心してつながりあう関係や，自分の思いを出して自己実現する経験が足りない」（里中, 2008, p.31）こと，そのため「本当の自分を出し，安心してつながりあう関係をもち，自分の思いを出して自己実現したい」（前掲書 p.31）願いがあると考えるのである。高機能自閉症児の思いとほかの子の思いを対立的にとらえるのでなく，その深部にある共通する願いをつかめるかどうかが学級集団づくりには不可欠なのである。

(2) 基本方針：どの子も安心でき互いの違いを認め合える学級を

上記の学級分析にもとづき，学級づくりの基本方針がつくられる。それは，学級をどの子にとっても安心でき，互いの違いを認

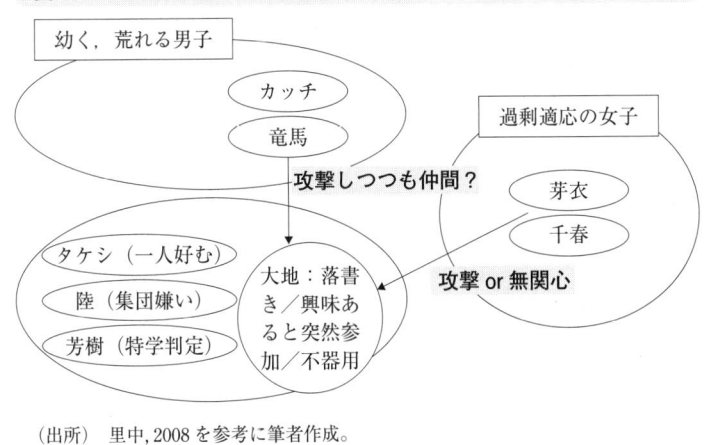

図9-2 大地君をめぐる学級の層の分析

- 幼く，荒れる男子
  - カッチ
  - 竜馬
- 過剰適応の女子
  - 芽衣
  - 千春
- タケシ（一人好む）
- 陸（集団嫌い）
- 芳樹（特学判定）
- 大地：落書き／興味あると突然参加／不器用

攻撃しつつも仲間？
攻撃 or 無関心

（出所）里中, 2008を参考に筆者作成。

め合えるところにすることであった。具体的には，「① どの子も安心して自分を出せるように，子どもの思いや本音に共感し，励ます，② 自主的で自由な活動を保障する（楽しいことをたくさんする），③ 学級のルールづくりやトラブルへの対応は話し合いと納得を基本に進める，④ 孤立しがちな子とはまず私がつながる」（前掲書p.33）の4つを方針として取り上げた。

里中実践では学級分析により，高機能自閉症児と定型発達児双方の奥底にある共通する願い（排除されない仲間関係を求める）をつかんで実践にあたった。このことが，その後の実践の展開を可能にする原動力となったと考えられる。

◆ **具体的はたらきかけ**

(1) **大地君の願い（思い）をことばで代弁する：高機能自閉症児の理解と支援のモデルを間接的に示す**

上記の方針を前提に，教師は高機能自閉症児の理解と支援のモデルを子どもに提示し，「間接的」支援を行っていく。その「間接的」支援をうまく行うために必要なことの1つが，**高機能自閉症児の思いを大人が代弁することである。**

> 事例9-2　掃除をしない
>
> 　クラスの皆が「異質」さを強く感じる大地君の問題行動の1つに，掃除をやらないことがある。掃除は「何を・いつまでに・どれだけやる」かがあいまいな活動である。雑巾がけは誰が何往復したら終わりかは，その日の状況（担当の欠席状況や短縮授業かどうかなど）によって適当に変更される。高機能自閉症児にはそのあいまいさがわかりにくいため，掃除は苦手な活動である。大地君はそれを毎日批判されていた。ある日掃除をやらず批判された大地君が少し落ち着いたところで，彼に担任教師が次のように語りかけた。「ねえ，大地はここに来たらまずカレンダーが気になってつい見ちゃったんでしょ（①）」。叱られないことでほっとしたのか，大地君は「うん，そうかもしれない」と言う。続けて教師は大地君に，「ほうき」と言われて持つが，すると空を飛びたくなってほうきにまたがってしまう（②）のではないか，でもそういう時注意されると「大地！」と言われるとむっとくるのではないか，と語りかけた。それに対し大地君は，「うん」とか「そうなの！」とずっと応答し続けた。そして最後は，翌日以後掃除に参加できるやり方を，教師の提案から1つを選び，それを実行することができた。

⑵-1　代弁の意味：高機能自閉症児が自分の経験を対象化する

　ここでの教師の代弁は，高機能自閉症児の特徴の理解をしてはじめて可能なものである。具体的に①の背景には，数字などへの強い興味とそれをみたらほかがみえなくなるシングルフォーカスがあること，②は，「ほうきに乗って空を飛ぶ」というファンタジーの世界（映画などにもとづくと考えられる）への没頭があったことを推測させる。このように，子どもの思いを代弁するためには，第1～4章で詳しくふれてきた障害の科学的理解と目の前の子どもの丁寧な観察が大きな力となるのである。

　一方，教師の代弁はすべて正確ではなかったかもしれない。しかし，行為の善悪という大地君にとって外側の基準で批判するのでなく，自分の立場に立って考えようとしてくれる教師の姿勢が，大地君の心を動かしたのであろう。この対話によって，大地君は自分がなぜ掃除をしなかったのか，掃除をするためにはどうしたらいいのか，自分の感情や経験を対象化して考えることが（未熟ながら）できた。押しつけられたのでなく自ら納得して考えたことだからこそ，翌日以後，その約束を守ろうとしたのだと考えられる。

⑵-2　代弁の意味：定型発達児が，高機能自閉症児の異質さの背景に思いがあることに気づく

　もう1つの，大人が高機能自閉症児の思いを代弁する意味は，周囲の子たちに対してである。この場面ですべての子が，教師の代弁の内容に納得したとは考えにくい。しかしいつもなら怒る大地君が，教師の語りかけに怒らずうなずく姿は，「いつもと違う」彼のイメージを周囲に与えたと思われる。そして周囲の子は，素直に聞く大地君の姿と熱を込めて彼の思いを代弁する教師の姿勢

を通して，大地君の異質とみえる行動の背景に，彼なりの思いや理由があるのかもしれないという感覚をもつことになったことは十分に考えられるのである。

　周囲の子どもたちに，高機能自閉症児の思いの内容を納得させる前に，内容はまだ消化できなくても・そ・の・子・の・言・動・に・は・思・い・や・理・由・が・あ・る・と感じさせることはとても重要である。それは「大地君は高機能自閉症児だから掃除は苦手」といった，高機能自閉症児を外から見た説明（障害特徴の説明）とは異なる。気持ちを代弁することは，高機能自閉症児の場に立って思いを内側からさぐることだからである。周囲の子たちは教師の代弁を通して，高機能自閉症児の言動の意味をつかむ新しい視点を受け取り，自分のなかにもある共通する側面（例えば「自分も何をしていいかわからないと，やりたくなくなるときもある」）に気づいていくのである。

(3) 学級集団の子すべての思いをつかみ大事にする教師の姿勢

　しかし教師が高機能自閉症児の思いの代弁を強調しすぎることで，逆に，高機能自閉症児とは異なる周囲の子たちの思いを「異質」として排除してしまう場合がある。その場合，周囲の子たちは，高機能自閉症児の言動には意味があり，それを「わかるべきだ」とされやすいのである。これでは，高機能自閉症児と周囲の子たちの思いを対立構図でとらえ，周囲の子たちを高機能自閉症児のやり方に「同化」させる「同化・排除」の論理の集団をつくることになってしまう。

　そうではなく教師は，「なぜあんなことをするのかわからない」「おかしい」と思う周囲の子たちの思いそのものも，共感的に理解することが必要となる。なぜならすべての子が自分の思いを大切にされると感じる学級になってはじめて，高機能自閉症児の思

いも受けとめられる学級になるからである。そしてそれに与える教師の影響はとても大きい。

> **事例9-3　教え合いの場面で**
>
> 　3人のグループ学習で算数プリントに取り組む。大地君は千春さんに教えてもらっている。しばらく千春さんに任せていると，粘り強く教える千春さんに大地君が突然「うるさい！」と怒鳴り，千春さんが泣き出してしまった。そこで教師は2人に近寄るが，大地君も千春さんも責めない。大地君には「この勉強つまんなかった？」と彼の思いをくみながら語りかけると，大地君も怒らず「あー，遊んでしまった」と応答する。一方千春さんの気持ちも代弁し，大地君に，「千春は優しく言ってくれてたよ。それなのに怒鳴ったら，千春は悲しいよ，ほら泣いてるよ」と話す。すると大地君は，「ごめんね，もう怒鳴らないから」と千春さんに自ら謝る。その後皆に，嫌なことがいっぱいになるとコップから水があふれるように爆発することは誰にもあること，今の大地君はそうだったのではないか，一方千春さんもただ泣くのでなくなぜ悲しいか説明してくれたから大地君も納得できたこと，を説明する。

　トラブルが日々激しいほどその対応に追われる大人は，誰が悪かったか悪者探しをしやすい。そうしないと大人自身が，精神的安定を保てないからである。上記でいえば，トラブルが起きた際に大人は，大地君か千春さんか，それを見ていたクラスメートを責める言動をとってしまいやすいということである。だからこそ，そのような切迫した場面で大人が誰かを責めるのでなく，高機能自閉症児と周囲の子それぞれの思いを代弁することは，逆に学級に大きなインパクトを与えることになる。それは，周囲の子がそ

れによって，高機能自閉症児の言動に隠された思いを理解できるという意味だけではない。その教師の姿勢によって，大地君はもちろん，大地君以外のクラスの仲間も，この先生になら「本当の自分を出し，安心してつながり合う関係をもてる」ことを実感させると考えられるからである。

実際紆余曲折はあるが，大地君の気持ちをクラスメート自身が代弁する出来事がこのあと，生じる。学級集団の仲間が，「異質」さをもった大地君と自ら「共同」しようとし始めるのである。

> **事例9-4　給食当番で**
> 　給食当番が苦手な大地君には，「牛乳を持ってきて配り，片づけでは空箱の入ったダンボールを持っていく」だけでよいと班で決める。しかし善意で牛乳を配るのを手伝う子が他の班にいて，大地君とトラブルになった。その際，帰りの会で班の子が自ら，「お願いだから牛乳を配るのは大地だけにさせてほしい」と訴えるようになった。

(4) 特別ルールをつくる

この実践では，事例9-2の掃除も事例9-4の給食当番でも，大地君が納得して大地君がやりやすいやり方を認めてきた。そこには，定型発達児のやり方にすべて高機能自閉症児を合わせさせるという発想はない。そうではなく，その子がやる気になれる，あるいはその子の苦しさを和らげるために，その子に応じた**特別ルール**を意図的につくりだしている。

「異質・共同」の集団とは，高機能自閉症児以外の子にとっても，場合に応じて特別ルールを認めることを含むものである。それは集団づくりの最大の目的が，形式的に「みんなで一緒に」行

動することにではなく,「皆と一緒にやりたい」「この学級にいたい」自発的な思いを育むことにあるからである。そしてこのことは,子どもを外側から理解するのでなく,1人ひとり違う苦しさやわかりにくさを個々に応じて共感的に内側から理解するからこそ可能となるものである。

(5) 特別ルールを,「みんなの納得のうえで」つくりだすこと

しかしだからこそ,特別ルールを当事者以外の子に押しつけることはあってはならない。「あの子だけなぜいいの?」という不満をもつ子は,「(特別ルールを認められた)子と共同したい」とは決して思わないからである。当事者以外の子が納得できるプロセスを大切にする必要がある。特に9,10歳の節を超え,精神的自立を図ろうとする時期は,特別ルールは大人による強制的な「えこひいき」ととらえられる可能性は高い。それは,教師の指導そのものを否定する契機となりやすい。

そうならないために,高機能自閉症児の思いを代弁することとともに,特別ルールがなぜ必要か,どういうルールなら可能かを子ども同士で話し合う場と時間を十分に保障すること,さらにそれを周囲の子が納得できないときには強制しないこと(時間をおいて,別の時にまた代弁することで問題提起する)が重要となるのである。「自分がもし大地君だったら」と共感的に考えることで,自分の身に引きつけてとらえることができた時,特別ルールを納得して受け入れることが可能になるはずである。そのプロセスをそれぞれの層の子の内面を尊重しながら進めることが重要である。

◆ その後の学級集団の展開──対等にからめる同等な仲間の誕生

子どもが集団に入る時,最初は小集団や特定の相性の合う子と

の関係ができ，それを媒介に学級集団に関心をもつことは少なくない。大地君も事例9-4のように自分の気持ちを代弁してくれる特定の仲間に出会えたことが1つのきっかけとなった。

　もう1つ学級集団に入るきっかけとなったのは，代弁してくれるだけでなく，**対等にからむ仲間**ができたことである。実践開始から1年後には，カッチ，竜馬（**図9-2**参照）などと1日中基地をつくって遊ぶ関係ができてくる。そのうえで，大地君と同じように集団から外れていた陸君（**図9-2**参照）との出会いが生まれる。

　学校で「どんぐりの家」という重度重複障害者の施設づくりを描いた映画を観た放課後，担任教師と陸君と大地君が教室にいた時，陸君が自分の弟が自閉症であることを語り始めたのである。それに呼応するように，大地君も陸君に自分の障害を告白する。陸君自身，集団に入らない背景にかかえていたそれまで誰にも語らなかった思いを，ここではじめて語ることができた。これは集団に入らない弱い立場にいた陸君の言動だからこそ，里中実践が大地君にだけでなくすべての子が居場所を感じられる学級づくりとなっていたことを示すものであった。そして今まで語れなかった思いを出し合えたという意味で，大地君と陸君は「対等にからみあえる」仲間となったのである。この後，陸君だけは「大地，なぜやらない」とはっきり意見を言いつつ，しかし大地君と自分からつきあう関係をもてるようになった。対等に正義が言い合える仲間と出会えることは，大地君にとって，学級をさらに安心感をもてる場所と感じさせることにつながったのである。

表9-1 高機能自閉症児のいる学級集団づくりのポイント

実践を行うにあたって
・学級の層分析……対立構図でなく,高機能自閉症児と定型発達児を含めた共通した願いをさぐる
・集団づくり方針……どの子も自分を出せる学級を目指す
具体的対応
・高機能自閉症児の気持ちを代弁
・学級の子すべての思いをつかみ大事にする
・特別ルールを皆の納得のうえでつくる

◈「異質・共同」の集団づくりのために

(1) 里中実践から学ぶ学級集団づくり

里中実践を例に,高機能自閉症児のいる通常学級での学級集団づくりについて述べた。このポイントだけ表9-1にまとめておく。

(2) 高機能自閉症児にとって充実感をもてる生活の保障

ここでは「異質・共同」の集団づくりを行ううえでここまでで十分ふれられなかったことを2つだけ補足しておきたい。

1つは,高機能自閉症児にとってわかりやすく,充実感をもてる生活・活動の工夫ということである。里中実践でいえば,事例9-4の給食当番のやり方はその適例である。その時々によって適宜変更するアバウトでわかりにくい当番活動を,「牛乳を持ってきて配り,片づけでは空箱の入ったダンボールを持っていく」と限定し,それを紙に書いて視覚的にいつでも確認できるようにしたのである。これは大地君にとって,とてもわかりやすい,だからがんばろうという気にさせる工夫であった。高機能自閉症児自身,他者の思いに気づき,自分なりにがんばろうとする気持ちが芽生える9,10歳の節以後であるからこそ,こういった工夫や配慮が随所で行われることが特に必要となるのである。

(3) ピアグループの意味

2つは，対等にからめる仲間として，**ピアグループ**も大きな意味をもつということである。各地でつくられている会（例えば，NPO法人アスペの会，あるいは各地で行われている障害児学童保育）などはその1つである。同じ障害のある仲間は，自分の素を出しても受け入れられる仲間となりやすく，対等な関係をつくりやすいのである。

ただし，そのピアグループと学級集団づくりは相互に影響し合う関係にある。学級集団で受け入れられてきた高機能自閉症児は，自分が認められた関係を経験しているからこそ，ピアグループで素を出しやすくなる。一方学級集団で排斥されてきた場合は，異なる。そこで排斥されるのは自分の素の姿（高機能自閉症の特徴）であるため，多くの高機能自閉症児は，自分の素の姿は「だめな姿」としてとらえている。だからこそ，自分の素の姿と似ているピアグループのメンバーは受け入れがたいのである。ある子は「俺はこんなやつら（ピアグループのメンバー）と違う」と言ったが，そのことばにはそんな思いが隠されていたのだろう。一方，ピアグループの内容が充実していれば，最初は行くのを拒否しても行ってしまうとそれなりに楽しく参加できる場合もある。それでも次の会はまた行くのを拒否するかもしれないが，粘り強くその繰り返しにつきあうことで，ある時期からピアグループを受け入れられるようになることも少なくない。しかしピアグループを受けとめる力を育てるためにも，学級集団づくりは大きな意味をもっていることは再度確認しておく必要があると思われる。

9, 10歳の節以後の高機能自閉症児は，それまで以上に，仲間の目を通して自分をみつめ始める。だからこそ，それ以前の時期

よりも,「異質・共同」の論理をもった仲間に出会うこと,そこで自分の思いを受けとめてもらえること,そのうえで信頼できる他者と自分をみつめる作業を行うことが,自尊心を高めるうえで重要となるのである。この視点でほかの実践などもぜひ参照されたい(例えば,青木・越野・大阪教育文化センター,2007;湯浅,2009a,2009b)。

引用・参考文献

青木道忠・越野和之・大阪教育文化センター編(2007)『発達障害と向きあう――子どもたちのねがいに寄り添う教育実践』クリエイツかもがわ

別府哲(2009)『自閉症児者の発達と生活――共感的自己肯定感を育むために』全国障害者問題研究会出版部

森田洋司・清水賢二(1994)『新訂版・いじめ――教室の病い』金子書房

里中広美(2008)「大地とみんなをどうつなぐか――攻撃・排除からつながりへ」湯浅恭正編『困っている子と集団づくり――発達障害と特別支援教育』クリエイツかもがわ

湯浅恭正編(2009a)『子ども集団の変化と授業づくり・学級づくり――小学校中学年～高学年』明治図書

湯浅恭正編(2009b)『自立への挑戦と授業づくり・学級づくり――中学校～高校』明治図書

第10章

高等学校での
支援の実際

この章では，高等学校に在籍する高機能自閉症のある生徒の自尊心を尊重した支援について考えていく。高等学校では，「高機能自閉症のある生徒」には日々の学習活動や特別活動のなかで自己の特性に気づかせ，**成功経験**を重ね，自尊心を低下させないように配慮しながら，将来の自分をイメージさせた進路選択に導く支援が望まれるであろう。ここでは，全日制，定時制，通信制等の**制度**や普通科，専門学科等の**教育課程**に沿った支援の実際と思春期を迎えている高校生の自尊心を考慮した支援のあり方についての事例を取り上げた。

1 特別な支援を要する生徒たちの実態
「高機能自閉症のある生徒」を中心に

高等学校における特別な支援を要する生徒についての実態は，高橋・内野（2006）によって調査されている（**表10-1**, **表10-2**）。調査は，首都圏で実施されたが，高機能自閉症およびアスペルガー症候群のある生徒は，各校種で年々増加傾向と報告されている。そして，学校という集団教育の場で問題となる「仲間と一緒に課題に取り組むことができない」という特徴については，「こだわりがあり融通がきかない」という特徴を示す生徒が一番多く，「話が噛み合わず会話にならない」「ものごとの一部分に注意が集中しやすく全体状況をつかむことができない」「急な変更にうまく対処できない」「できること，できないことの差が大きい」の特徴を示す生徒がほぼ同程度に在籍していることが明らかにされている。

こうした困難さをかかえた生徒が在籍しているものの，高機能

表 10-1 首都圏の高校における高機能自閉症およびアスペルガー症候群のある生徒の在籍状況（延べ人数）

(単位：人)

校種	国立 2 校				公立全日制 47 校				公立定時制 13 校			
年度	04	03	02	01	04	03	02	01	04	03	02	01
高機能自閉症	0	0	0	0	5	3	2	0	3	1	1	1
アスペルガー	4	4	1	1	17	8	4	2	1	0	0	0

校種	私立全日制 25 校				私立通信制 5 校				計（人数）			
年度	04	03	02	01	04	03	02	01				
高機能自閉症	5	5	5	4	6	6	3	2	52			
アスペルガー	6	3	1	1	4	4	4	3	68			

（出所）　高橋・内野, 2006 を一部改変。

自閉症のある生徒に対する高等学校の支援体制は，十分とはいい難い面もあろう。社会性やコミュニケーションの支援を十分に受けないまま，次の**進学**先や**職場**に出ると生徒たちはどのような立場におかれるだろうか。職場に，本人の特徴を理解し，支援してくれる先輩や同僚がいれば幸運であろう。しかし，今の社会の現状では，職場での幸運な出会いに期待して，学校から送り出すのはあまりにもリスクが大きい。そのため，高等学校段階でも高機能自閉症のある生徒に対して，本人が社会で**自立**できるようなスキル獲得と適度な自信をもてるような支援を行うことが大切になる。

2　高機能自閉症のある生徒への支援

◈ **高等学校での特別支援教育の取り組み**

　高等学校の学科は，**普通科**，**専門学科**（職業学科），**総合学科**の 3

表10-2 仲間と一緒に課題に取り組むことができない生徒（延べ人数）

(単位：人)

	国立1校	公立全日制24校	公立定時制8校	私立8校	計
話が噛み合わず会話にならない	0	20	5	7	32
こだわりがあり融通がきかない	0	23	5	6	34
ものごとの一部分に注意が集中しやすく全体状況をつかむことができない	1	16	8	6	31
できること，できないことの差が大きい	0	18	5	4	27
急な変更にうまく対処できない	1	21	3	4	29
その他	0	3	2	3	8

（出所）　高橋・内野, 2006を一部改変。

つに大別される。

　高等学校の学科は，それぞれの**教育課程**に特徴がある。普通科の教育課程は，中学校までと基本的には変わらない5教科と芸術，体育で構成されている。一方，専門学科では専門**科目**の実験や**実習**が多く，中学校では経験しなかった新しい教科・科目や実習施設などの新しい学習環境のなかで過ごす。また，総合学科では，自分の将来の進路について**進学**や資格取得の見通しを立てて自分自身で履修科目を選択する。発達障害のある生徒にとって，高等学校の選択で，自分の特徴に合った学科に入学すれば自分の「**得意**」な面を伸ばし，自信を得る3年間となろう。一方で，自分に合わない学科に入学すれば，新たな苦手意識をもつ機会となり，学習意欲を失い中途退学をする場合もある。その意味で，高校の

選択は，発達障害のある生徒にとっても人生の大きな岐路になるといえよう。したがって，小学校，中学校段階で個別の教育支援計画を作成する場合，作成担当者は高等学校の進路選択については十分な理解を必要とする。

多くの高等学校では入学時に学力試験を主とした選抜試験を実施する。この結果，学校間で生徒の学力に偏りが生じる。さらに，入学後は各学校で卒業に必要な**単位**の履修と修得のための学業成績や出席日数の規定がある。教務内規等で決められた単位数を履修し修得しなければ学年制の高等学校の場合は原級留置，すなわち留年となる。また単位制の高等学校の場合は，4年次以降生となる。原級留置や4年次以降生となれば，生徒にとっては大きな失敗体験となる。原級留置や4年次以降生にならないようにするために，高等学校の特別支援教育では単位修得の成功も考慮した個別の指導計画を作成し実施しなければならない。

現段階では，高等学校での特別支援教育を進めるにあたり，おそらく多くの特別支援教育コーディネーターや学級担任は，**個別の教育支援計画や個別の指導計画**等の支援プログラムの作成に関して，他校や先進校のモデルを参考にしたいのが実情であろう。しかし，高等学校では各学校間で入学生の学力や教育課程の事情が異なる。また，発達障害のある生徒の在籍数，または特徴のあらわれる授業や実習の場面が異なるために学校間の情報交換や事例検討がそのまま自分の学校で直面する事例に適用できるとは限らない。高等学校の特別支援教育では，各学校の教育課程で，生徒本人の「得意」をのばし，授業や特別活動のなかで生徒自身が**成功経験**を積み上げていく支援プログラムの作成が求められる。

◆ 高機能自閉症のある生徒への支援とは

(1) 基本的な特徴の共通理解

　高機能自閉症には3つの基本的な特性がある（第1章参照）。それは、①他の人との関係をつくることが苦手な**社会性**の障害、②他の人に自分の意思を伝えることが苦手なコミュニケーションの障害、③行動や興味が特定のものに限られたり、同じ動作を繰り返したりして行うこだわりなどの行動障害である。

　一般に高等学校では中学校よりも教科の科目数が増える。同一教科でも科目を担当する教師が複数おり、1人の生徒にかかわる教師数が多い。また、教科により教室内で座っての授業、体を使っての体育、専門教科の実験と実習等、学習形態もさまざまである。高機能自閉症のある生徒は、各科目のそれぞれの授業場面で、基本的な3つの特性が少しずつ違った様子であらわれることが多い。そして、教師1人ひとりによっても生徒の特性の受け取り方は異なる。ある教師にとっては、とても気になる行動でも、ほかの教師にとっては気にならない場合もある。また、1人の生徒の特性はすべての教師の前で同じ様子であらわれるとは限らない。同じ教科、同じ科目でも学級の雰囲気、同級生の接し方、教師の接し方が異なれば特性のあらわれ方も異なる。したがって、高機能自閉症のある生徒の支援を進める際には、まずは高機能自閉症の基本的な特性を共通理解したうえで指導計画を作成する必要がある。そして、指導計画に沿って生徒と信頼関係を築きながら支援を進めていく必要がある。

　A高校では、2007年度以降毎年1〜3名の新入学生の保護者から子どもの高機能自閉症の特性についての相談がある。相談を受けた生徒のなかには特定の学習を「**得意**」とするが、体育祭や

表10-3 A高校で使用している「高機能自閉症のある生徒」の理解と支援のためのヒント

No.	高機能自閉症児に目立つ特徴	理解のヒント	支援のヒント
1	同じことを何度も言う（しつこさも含む）	・言いたいことがわかりやすい ・何とか自分の意思を伝えようとしている ・長期的な記憶力が得意 ・気になる内容である ・何らかの方法で実現したい意思がある	・「あなたは○○○○ということが言いたいのね」と相手の思いをくみとる ・記憶力を得意分野にする ・係活動などで力を発揮できる場面を探す
2	想像力の欠如（間接的な表現が理解できない）	・「あんなふう、こんなふう、あのへん、そこらあたり、だいたい」等の抽象的な表現の理解が苦手	・はっきりとした指示で伝える ・「両端を揃えて」「テレビ台の上に」「卵のような形」等具体的に示せばわかる
3	体験したことのない変化が苦手	・経験のあることなら続けられる ・見通しが立たないと不安になる	・年間計画，月間計画，週間計画，1日の計画，1時間の計画など必要な見通しを提示する ・突発的な予定変更の予測を考えさせる
4	興味の範囲が限られている	・興味がわかりやすい ・範囲内であれば誰よりも詳しい	・興味の範囲が利用できる場面を探す ・興味の範囲で得た知識，技術を応用できる役割や場面を探す

文化祭などの集団で行う活動を苦手とする生徒や，1年次に学習で好成績を収めていても，2年次の教科担任と学習の進め方で意見が合わずに成績を極端に悪くする生徒がいる。A校においては2006（平成18）年度までは高機能自閉症のある生徒への支援は，学級担任や教科担任の個別指導で対応していた。しかし，2007

(平成19) 年度の関係法令の改正等を契機に, 特別支援教育コーディネーターを中心に高機能自閉症のある生徒の理解と支援を表にまとめて共通理解を図るようになった。現在, 各教師は授業や特別活動の場面で生徒に気になる特徴があれば, **表10-3**を参考にしながら特別支援教育コーディネーターに相談して対応を考えている。教師間の共通理解は少しずつ進み, 教師同士が意見交換する機会も増えてきているところである。

(2) 支援のキーパーソン

特別支援教育コーディネーターは, 校内委員会の招集と運営, 個別の指導計画の作成についての助言を行う。支援のはじめとして, 最初に生徒の情報収集がある。生徒について大切な情報を得ている教師としては, 学級担任, 養護教諭, 体育科の教師, 部活動の顧問, スクールカウンセラーなどがあげられる。以下, それぞれの役割について解説する。

学級担任は, 保護者の意向を直接に聞く立場にある。また, 学習活動については全教科の成績を把握している。さらに, 学級内での友人関係も間近に把握できる立場にあり, 生徒の情報を総合的に把握できるであろう。

養護教諭は, 生徒のカウンセラーとしての役割も担っている。日々さまざまな生徒が保健室を訪ね, 日々の生活のなかでの出来事を話す。これらのなにげない話のなかで, 生徒自身がかかえている悩みや, 生徒間の友人関係, 生徒と教師の信頼関係を知ることができよう。さらに, 食生活や病歴, 病気やけがの頻度などを具体的に把握できるであろう。

体育科の教師は, 個人競技や集団演技の指導で生徒個々人の身体運動の器用さ不器用さ, ことばによる指示の伝わり方, 集団行

動でのコミュニケーションのとり方などを具体的に把握できるであろう。

部活動の顧問は，教室ではみられない生徒の素顔や行動を把握できよう。生徒は，学級担任には相談しない出来事を部活動顧問には話す場合もある。また，合宿練習をしている部活動では，起床から食事時間そして就寝まで顧問と生徒が一緒に過ごす時間が多く，生徒とのコミュニケーションのとり方や生徒のこだわりなど社会性全般について具体的に把握することも可能であろう。対外試合の多い部活動では，保護者と連絡をとる機会も多くなるため，保護者も子どもの成長過程でのエピソードや現在の様子を顧問に話しやすくなることもあろう。その場合には，部活動の顧問が子どもの成長の過程や様子などを把握していくことも大切になる。

スクールカウンセラーは，教師とは異なる立場で，教科や評価とは関係なく相談室で子どもに対応したり，心理専門職として教師間の連携の要となったり，また保護者の思いをくみとったりする。特に，保護者の思いには，学校に特別な支援を望んでいる場合でも子どもの生育歴や家族間でかかえている悩みについて学校の教師に知られるのを躊躇する内容もある。発達障害について専門的な知識をもち，さらに保護者の思いを理解できるスクールカウンセラーの存在は，保護者に安心感を与えるであろう。生徒の発達障害について保護者から相談を受ける際には，スクールカウンセラーの同席について承諾を得て一緒に話を聴くことができれば，保護者の気持ちも和んで話しやすい雰囲気を保てる場合も多い。また，学級担任や特別支援教育コーディネーターと同席した話し合いの後に，あらためて保護者とスクールカウンセラーで面談の時間をとればより具体的な情報を得ることができる可能性が

ある。

　以上のように，学級担任，養護教諭，体育科の教師，部活動の顧問，スクールカウンセラーは，情報収集のキーパーソンになるとともに，高機能自閉症のある生徒の支援にあたって生徒本人の学習や行動の特徴，さらには悩みや願いなどについても理解者や相談役になれる可能性がある。生徒の支援にあたって，特別支援教育コーディネーターには，教師相互がお互いの役割を尊重しながら効果的な支援へとつなげていくようなコーディネートが望まれる。

(3) 普通科の特徴を活かした支援

　普通科高校の教育課程は，おおむね中学校と同じ教科で構成されている。授業形態も教室内での授業と実験がほとんどである。高機能自閉症のある生徒にとって，中学校までとおおよそ同じ構成の教育課程は，3年間の見通しが立てやすく，落ち着いて学習活動に取り組めるであろう。一方，特別活動では，生徒の自主性を発揮する機会や校外で活動する場面が増える。2年次までに部活動，生徒会活動，学級内の係活動のなかでも本人の「得意」のものをみつけて，3年次で後輩や同級生への指導的役割を担うように導けば，自尊心を高めるとともにほかの人と関係をつくる社会性や，ほかの人の意見を聞きながら自分の意見も伝えられるコミュニケーション能力が高まることが期待できる。

> **事例10-1　部活動や係活動で「得意」をみつけ，のばす**
> 　A君は，小学校時に医療機関で広汎性発達障害と診断を受けた生徒である。高校入学後は放送部に入部した。理由は，放送部が全国放送コンクールで上位入賞していたことと部活動紹介でみた放送機器の操作が格好よく思ったからである。

> 　入部後，アナウンスは苦手であったので希望通りに機器操作班になった。部活動は忙しく，特に朝登校時の放送のためには早く登校し，昼休みの放送のためには，昼食を急いですませる必要があった。また，体育祭や文化祭，放送コンテストなど，次々に学校行事や大会の準備が続き，各場面での対応を覚えるのに苦労した。
>
> 　A君にとって，時間を計測しながら予定を立てて予定通りにプログラムを進める放送の機器操作はとても楽しく熱中できた。また，放送中のハプニングの予想とその対応策の練習を通じて，考え方に融通がきくようになった。

　A君の場合，部活動で自分の「得意」をみつけた。中学校までは人と話を合わせるのが苦手で，親しくつきあう友人がいなかった。放送部に入部後は，機器操作の「得意」を介して部活動の先輩や後輩のなかに登下校を共にする友人ができた。また，放送係として学校行事に参加することで，機器操作の技量を教師から認められるようになり，教師とも会話する機会が増えた。

　A君は，中学校の先生のアドバイスを受けながら数校の学校の説明会に参加した。そのなかで，学校の校風と放送部の活動に興味をもって受験を決めた。普通科の場合，日々の授業のなかで「得意」をみつけるよりも特別活動に可能性があるように思える。高校を選択する際には，高校の教育課程や将来の進路先を考慮するのはもちろんであるが，入学後の学習意欲や将来の進路選択の動機となる部活動や生徒会活動等の特別活動への参加を視野に入れると本人の「得意」を活かす可能性が広がるであろう。

(4) 専門学科の特徴を活かした支援

　高校の専門学科では，工場や農場などの実習施設で同級生と共

同作業を行いながら制作活動に取り組んだり生き物を育てたりする。教師の指導を受けながら同級生と共に進める実習ではあるが，時として予測できない事態にも遭遇するため，高機能自閉症のある生徒には苦手な活動といえるかもしれない。しかし，すべての作業を満遍なく身につけるのではなく，1つの作業分野を「得意」とすることも可能である。専門学科では同じ専門学科の高校生を集めた**技能**コンテストや**研究発表会**などがあり，県大会や全国大会も活発に行われている。高機能自閉症のある生徒のこだわりの強さという特性を活かし，専門的な知識と技術を高めれば本人にとって大きな自信となる可能性が高い。

事例10-2　特定の専門分野をのばしプロの研究者に迫る

B君は専門学科をおく高校に入学後，生物クラブに入部した。高校の学校説明会で植物の組織培養に興味をもったからであった。入学後の授業は予想通り興味あるもので，部活動でも積極的に活動した。生物クラブは，地域の絶滅危惧種の植物の人工栽培に取り組んでおり活動意欲も高まった。また，活動の成果を発表する機会があり，最優秀賞を受賞すると全国大会に出場できることも魅力となった。

一方，授業へのあまりの熱心さゆえに学級内で浮いた存在になり，学級のなかでB君のまじめさに対して，からかいや冷やかしが起こった。しかし，組織培養に成果を上げて，地元のマスコミ等で報道されるようになると，3年次までには学級のなかでのからかいや冷やかしも徐々に収まった。当初，学級のなかで友人はいなかったが，部活動の共同作業のなかで，同じ研究分野でのあこがれの先輩ができるとともに，後輩からは相談も受けるようになった。

B君は，専門科目と専門的な研究活動に特化した**部活動**に熱心に取り組み大きな成果を上げて自信を得た。専門学科のある高校の場合，選択した学科の専門教科に時間を費やし打ち込める。専門教科は，専門職の知識や技術に連携し構成されているので，生徒は学習において将来の職業をイメージしやすい。また，専門学科のある高校の実習施設は高度に整備されており，部分的には一般の企業や研究所と遜色のない機能をもっている。もちろん，3年間という限定された時間のなかで高度な研究成果を求めるには無理もあるが，企業や研究所が対象としない分野で地域に貢献できたり，特許取得を可能にしたりするテーマには困らないであろう。さらに，専門教科には公共団体が認定する資格取得を対象としている科目もあり，毎年多くの生徒がさまざまな資格を取得している。こうした資格にチャレンジし，成功した場合には，大きな自信につながるだろう。したがって，本人の得意な領域が資格取得などと結びつく場合には，資格取得などについて情報提供をしていくことも1つの方法であろう。

　また，高機能自閉症のある生徒において，中学校までに本人の「得意」や「好み」がある程度はっきりしている場合，専門学科のある高校に進学して「得意」をキャリアのスタートとなる「特技」にまで高めるのも選択肢の1つである（*Column* ④参照）。

(5) 総合学科の特徴を活かした支援

　総合学科では，自分自身の将来を考えて2年次以降の科目を選び自分自身で時間割をつくる。ほとんどの総合学科では，将来の進路を考える学習機会として3日間から7日間の**職場体験**を実施している。職場体験は教育課程の一環であるため，高機能自閉症のある生徒にとっても，特別支援教育のプログラムとして意識す

ることなく自然に取り組める。

体験先の企業では,自身が苦手とする社会性とコミュニケーションを要求される。しかし,販売実習等で商品がうまく売れたりお客様から励ましのことばをかけられたりすれば,本人にとって大きな自信となろう。

高機能自閉症のある生徒の場合,職場体験に参加するにあたって,職種を十分に考慮したうえで,職場での失敗を想定した事前学習にも十分な時間をかけて成功経験を得るように配慮すべきであろう。

> 事例10-3 職場体験で社会性を身につける
>
> C君は総合学科に入学後,職場体験があると知り,内心嫌な思いがした。C君は人と話すのが苦手で,特に目を合わせて話すのが苦手であった。中学校時にも職場体験があったが,大型ショッピングセンターでのシール貼りの仕事を選んでいた。総合学科では,選択した科目に沿って体験先を選ぶ方法であり,担当の教師からレストランをすすめられて断れなかった。職場体験の事前指導と体験先でのトレーニングメニューは,次の通りであった。①電話での依頼の仕方,②見えない相手への電話のかけ方と受け方,③あいさつの仕方,④職場での礼儀,⑤接客の作法,⑥レストランでの配膳,⑦笑顔のつくり方,⑧お礼の伝え方,⑨報告の仕方。
>
> トレーニングメニューの1つひとつが苦手であったが,職場担当者の丁寧な指導でなんとか5日間の日程を終了した。最後の2日間は,研修生の名札をつけてレストランでウェーターをした。注文の受け方や配膳の仕方について自分自身では失敗と感じていたが,お客様から「ありがとう」のことばをもらい,とてもうれしくなった。

総合学科では，1年次に「産業社会と人間」という必修科目がある。生徒は「産業社会と人間」のなかで自分の特性をみつけて，将来の見通しを立てて2年次からの選択科目を自分自身で決める。
　また，「産業社会と人間」の一環として行われる職場体験は，自分の適性を知り，将来の生き方を考えるうえでとても大切な機会となる。
　高機能自閉症のある生徒にとって，将来の見通しを立てたり，職場体験で人と接したりする総合学科の教育内容は苦手かもしれない。しかし，C君の場合は職場体験で自分にはできないと思い込んでいた接客業で成功経験を得た。
　職場の選択にあたって，学級担任がC君の特性を考慮してほかの職場をすすめていたら今回のような成功経験はなかったであろう。学級担任は，C君の苦手意識について知っていたが，あくまでもC君が選択した科目に沿った体験先をすすめた。また，学校内での事前指導も十分に行い，体験先の担当者にも接客が苦手であることを説明していた。C君は十分に納得して職場体験に挑んだわけではないが，本人の自己決定を尊重したことと，教師と職場担当者との連携でC君を成功経験に導いたと考えられる。そして，本人が苦手あるいは失敗した，と認識している事柄に関しても，その努力や成果に対して，本人がほめられてうれしい「重要な他者」（本事例の場合は，「お客様」）からほめられるという経験が大切であるといえよう。

◈ 生徒の自尊心への配慮
　高機能自閉症のある生徒が同級生や教師とことばのやりとり，行動，物事や状況のとらえ方で行き違いを起こす場面では，自身

への「**過大評価**」と「**過小評価**」に起因する場合がある。こだわりが強く，誰にも負けない知識や特技をもっていると思っている生徒の場合，本人が「できる」または「できている」と考えて活動している際に，思いもよらない批判的な評価を受けると，評価した相手に対して「できる自分を妬んでいる」や「自分に好意をもっていない」ととらえてしまう場合がある。

一方，自身の行動や言動，こだわりについて批判を受け続け，自分の行動について自信をもてない生徒は，「何をやっても認めてもらえない」「また批判される」「どうせやっても無駄」という思いを強めている場合がある。

高等学校の支援では，教師が本人の「得意」を励まして認めるとともに，誰もが認める場面で「得意」を発揮できるような導きが大切である。自分自身について「**過大評価**」しがちな生徒には，「得意」を発揮する場面を設けながら，がんばりすぎないように力の発揮加減の調整を身につけられるよう支援すべきである。「過小評価」しがちな生徒には，誰からも認められる「得意」と「得意」を他者に対して貢献できる場面を探す必要がある。自分の取り組みが活かせた，貢献できたという達成感を得れば，生徒は自尊心を高め，次の活動を行う動機を得るであろう。

したがって，教師は「過大評価」をしやすい生徒にも「過小評価」しやすい生徒にも，授業，生徒会活動，部活動の各場面での本人の言動を観察し，本人の「得意」を把握する必要がある。そして，本人の「得意」を活かし，貢献できる場面を探す。さらに，本人が貢献できる場をみつけたら，「得意」を発揮する加減を身につけさせる。併せて，人は，他人の行動，ことばやはたらきについてさまざまな受け取り方をするという考え方の異なりを理解

する支援が必要になる。高機能自閉症のある生徒には，卒業までには，人それぞれの感情の多様性に気づかせながら，場面に応じた「得意」の発揮についての加減を身につけさせるような支援が求められよう。

> **事例 10-4　過大評価する生徒「同級生と話題が合わなくなったD君」**
>
> 　D君は，小学2年生時に医療機関でアスペルガー症候群と診断を受けた。昆虫が大好きで，小学校時代の将来の夢は虫博士。昆虫図鑑に出てくる昆虫の名前や特徴，食性，生息年代などをすべて覚えた。保護者は，子どもの興味をのばしてあげようという思いで，全国各地の博物館に連れて行った。
>
> 　小学3年生に進級した頃にテレビのアニメシリーズで昆虫のキャラクターが流行した。D君は架空の昆虫キャラクターには興味がなかったので，友人たちの話題には興味を示さなかった。また，友人から昆虫のキャラクターの話を持ちかけられてもまじめに「それは本当は○○○なんだ」と本当の昆虫の特徴を詳しく答えていた。その後，次第に友人たちについて「嘘の昆虫に夢中になるなんておかしい」と家族に話すようになり，学校では友人たちから「話の合わない奴」と思われるようになってしまった。
>
> 　中学校の後半からは恐竜に興味をもち始めた。高校に入学した頃はすでにかなりの知識を身につけており，高校入学時に将来の夢は考古学者と決めていた。高校での地学分野の授業では，授業中にたびたび質問したり教師の発言を訂正したりした。友人たちからは「すごいね」と言われる反面，「授業中に少しは黙っていてほしい」と思われるようになった。

　D君は，小学生の頃に昆虫図鑑に夢中になった。カブトムシ

やクワガタムシに興味をもち，次第にほかの昆虫へと興味が広がった。家では時間があれば昆虫図鑑を眺めており，家族と昆虫の話題になると長時間にわたり話し続けた。家族から昆虫に詳しいことを賞賛されるのが好きで，得意満面の笑顔をみせていた。この頃，テレビのアニメシリーズで昆虫のキャラクターが大流行した。本物の昆虫にしか興味のなかったD君は，アニメには興味を示さず，小学校の友人の話題に「あれはにせものだから」と言っていた。

中学校に入学し，D君の興味は昆虫から恐竜へと移行した。昆虫と同じように熱中し，両親の理解もあって全国各地の恐竜博物館を見に行き，化石採集会にも参加した。D君の知識が高まるごとに同級生と話題が合わなくなった。また，化石採集会に参加するメンバーの大人と話す機会が増えたためか，話し方も大人びてしまった。

D君は，小学校ではキャラクターに熱中する友人たちをバカにしたわけではないが，昆虫に対する知識量の違いに優越感を感じていたこともあったようだ。結果として，友人たちとは話が合わず，キャラクターのカードゲームにも誘ってもらえず孤立した。中学校でも友人はできなかった。本人は「話の合わない友人はいらない」と語っていた。

保護者は，本人の特徴を気にしており高校入学後すぐに学級担任に事情を伝えた。高校では学級担任が，特別支援教育コーディネーターと相談してD君に美術部への入部をすすめた。その理由の1つには，高校に恐竜を研究するような科学部がなかったこともある。学級担任と美術部の顧問で相談して，D君には文化祭や体育祭の装飾パネルを専門に描いてもらった。また，学級では

図書係になってもらい，学校図書館の整備係となった。

その結果，美術部で制作したリアルな恐竜の装飾画が校内で評判となり，次第に同級生との会話が増えるようになった。また，図書室には考古学のコーナーを設けて，総合的な学習の時間で活用できるように整備した。

この事例では，学級担任が保護者からの相談を受けてすぐに特別支援教育コーディネーターと対策を立てた。中学校で孤立していた状況を繰り返す前に，本人の「得意」が発揮できる場を美術部と図書係に設けた。部活動や係活動を行うなかで部活動顧問や図書部の先生方がD君の主張を受け入れながら，同級生と歩調を合わせるように導いた。当初，D君に対して，あまりよい印象をもっていなかった理科の教師も，次第にD君と話をするようになり，D君は希望の4年制大学の理学部に進学できた。

> 事例10-5　過小評価する生徒「友人の理解を得たE君」
>
> 　E君は，中学校1年生時に医療機関で広汎性発達障害と診断を受けた。アニメが大好きで，ライダーシリーズやレンジャーシリーズ，美少女アイドルに詳しい。アニメのストーリーについていつも空想しており，すぐそばに教師がいても，ブツブツとつぶやきながらアニメの場面を空想したり，主題歌を口ずさんだりしていた。友人関係では，カードゲームの仲間がいた。
>
> 　高校入学後は，E君はパソコンの操作で友人からは一目おかれていた。運動能力があり人柄がよいために仲間外れにはならないが，「オタク」としてみられていた。授業中や実験中にも友人とアニメのことを話したりしていた。教師から授業中の私語について注意を受けると寝るので，保護者は教科担任からたびたび注意を受けていた。
>
> 　1年次の2学期頃から，アニメの話題について同級生から冷

> やかしやからかいを受けるようになり，自分に対する「オタク」や「変人」という評価を気にして対人関係の築きに消極的になっていた。しかし，3年次の総合的な学習の時間で植物の栽培をテーマに集まった同級生から口頭発表の発表者として推薦されたのをきっかけに，対人関係の築きに積極的な姿勢がみえ始めた。

　高校入学直後のE君は，自分自身についての「変人」という評価を悪い評価と受けとめて，自身を「過小評価」しがちな生徒であった。高校生でアニメ好きは珍しくない。コンビニエンスストアでは，小学生から大人までが漫画雑誌を立ち読みしている。しかし，高校生で「自分はアニメが好きです」とはっきり言ってしまうと，一般に「ちょっと変わった人」としてみられる。E君は中学校まではアニメ好きを自称し隠さなかった。しかし，高校生になり同級生からは「オタク」と呼ばれる頻度が増えるとともに，教師からの「高校生にもなって」「オタク」「理解できない変わった生徒」という思いも強く感じ始め，アニメについて人前で語る回数が減った。学校の勉強に興味がなく学業成績もよくないため，保護者はたびたび学校に呼ばれていた。保護者もアニメに没頭し，大都市のアニメ専門ショップに通う子どもに不安を覚えていた。そんなE君が，3年次の総合的な学習の時間で変わった。

　E君の班は，植物の栽培について研究を行った。E君は，研究の中間発表時に他の班員の推薦で栽培方法をプレゼンテーションで発表する係となった。同級生の班員は，E君の日頃の様子で身ぶり手ぶりでアニメのストーリーを上手にわかりやすく話している姿を知っており，人前でも緊張しないだろうという理由でE君を選んだ。学年の中間発表会で，E君は，事前に準備していた

原稿に一度も目を通さずにすべて暗誦して説明した。説明には身ぶり手ぶりのオーバーアクションが加わり，参観していた同級生や教師にとても評判がよかった。

中間発表会を機会に，教師たちがE君を発表者としてさまざまな授業場面でたびたび起用するようになった。E君はいろんな発表を引き受けることで，多くの教師から励ましを受けるとともに会話をする機会が増えた。また，県下の高校生が集まる総合文化祭では，他校の生徒ともなごやかな交流ができた。

この事例では，E君の特技に気づいていたのは同級生である。同級生がE君を発表者にしなかったらE君の特技は誰にも知られないままに終わったであろう。また，E君が発表者になったと知った時に，教師が止めていれば同じくE君に出番はなかった。同級生はE君を「おたく」と言いつつもアニメを語る際の声の綺麗さと話術のうまさを認めていた。教師は，日々のE君の姿を知らなかったが，E君を選んだ同級生の理由を信じた。

高機能自閉症のある生徒の特徴的な行動や言動は，時に奇異なものに映る。しかし，本人の特徴を尊重し，特徴が活かせる機会を探し続ければE君のように大きく成長する。高機能自閉症のある生徒が得意としているなにげない行為や特技を過大評価する必要はないが，つねに何かに活かせるのではないかと考える視点を教師に期待したい。

> 事例10-6　教師の話題に傷ついたF君
> F君は，幼児の頃に高機能自閉症と診断を受けた。小・中学校では少し変わっている子どもとして教師が気を配っていたが，学級内で特徴的な行動を起こさなかったので特に支援を受けずに過ごしていた。高校入学後，1年次には特に問題なく，部活

> 動にも所属していた。2年次に進級したあと，ある授業に興味がもてずに居眠りを繰り返し，教師から激しく咎められた。その際に，教師に対して脅しと受け取れる暴言を吐いてしまった。暴言についての指導中に，幼児の頃の発達障害の診断について教師が話題にしたところF君は激しく怒りをあらわにした。以来，教師に対してまったく自分自身を閉ざし，卒業まで教師との会話は「はい」「いいえ」の必要最小限の受け答えのみとなった。

　F君の両親は，高校入学時に学級担任に子どもの発達障害についてこれまでの概要を伝えていた。学級担任は，1学年の学年打ち合わせの場で保護者からの申し出を説明し，教科担任にも理解を得ていた。しかし，2学年への引き継ぎでうまく伝わっていなかった。2学年から始まった新しい科目の授業中に特徴的な行動を咎められて生徒指導の問題にまで発展した。

　保護者との話し合いでは，F君の発達障害について話題が集中した。この話し合いの過程がF君の耳に入り，教師たちがこれまで自分を特別な目でみていたと思い込み，不信感を募らせてしまった。**不信感**は，過去に自分が受けた支援にかかわった大人たちにまで発展して，発達障害の症状名にも嫌悪感を抱いていた。また，自分の存在について投げやりな言動が増えてしまい，スクールカウンセラーも含めて学校関係者には心を閉ざしてしまった。

　F君が心を開くのは，部活動の友人と自分をかばってくれた部活動の顧問だけとなった。F君の場合，中学校までの支援内容にも，本人は納得できずに傷ついていたようだ。ただ，それを自分自身で我慢していたので保護者も教師も気づかなかった。中学校から高等学校へと自我がより顕著になる年齢では，発達障害に対

するF君の思いをF君自身にじっくりと聞いてみる時間を設ける必要があったと考えられる。幼少期に診断を受けて，保護者も発達障害を受け入れているので，F君自身も発達障害を受け入れているだろうという思い込みが，教師側になかっただろうか。高校生になると，発達障害ということばの意味，自分自身の発達障害を語る大人の会話をしっかりと理解できる。本人が発達障害を認知している場合には，発達障害の理解の程度に十分に配慮しつつ支援を行う必要があるだろう。

◈ 自尊心を大切にした支援のポイント

これまでの事例などを通して，高等学校での高機能自閉症のある生徒についての支援のポイントは次の6点に整理できる。

① その高校を選択した経緯の把握
②「得意」の発見
③「得意」分野の知識あるいは技術レベルの向上
④ 活躍の機会をつくる
⑤ これまでの支援の過程と本人が抱いている発達障害に対する思いへの配慮
⑥ 保護者の「過干渉」からの自立

①では，高校を自分の考えで選び，希望通りに入学できた生徒は，自分自身の将来への見通しが実現したという希望と自信を得ている。一方，第1志望校に失敗し，第2志望校に入学した生徒は，失敗やあきらめの原因にこだわって高校入学後も自己否定感にとらわれている場合がある。**自己否定感**にとらわれている生徒については，入学後の早い段階で高校卒業後の将来について見通しを立てさせて，日々の授業やホームルームの場面で少しずつ

成功経験を積ませる必要がある。一方,希望通りに入学した生徒については,入学時に抱いている夢の実現に向けて具体的な計画を立てる必要があろう。

②では,高機能自閉症のある生徒は,高校入学までのさまざまな失敗やいじめなどのつらい体験から自分の「得意」を抑えている場合もある。しかし,子どもの頃には周囲から異質にみられた「得意」な行いも,大人の世界では「特技」,つまり専門的な知識・技術として認められる場合がある。そこで教師は,同僚,保護者,中学校時代の教師等,本人の過去の「得意」を知っている多くの人から情報を集めるべきである。つまり,本人が「役に立たない」「迷惑をかける」などと感じている「得意」であっても,活かし方によっては本人の「特技」として自分自身の進路実現に十分に役立つ。そのような「得意」を探し出す必要があろう。

③では,高等学校では,学習活動や部活動で知識や技術の段階を大人のレベルまで高めることも可能である。高機能自閉症のある生徒のなかで自分自身の「得意」がはっきりとしている場合,「得意」な学習や運動に没頭させることも支援の1つになろう。誰もが認める知識や技術のレベルである「特技」にまで発展すれば,将来の進路実現に希望と見通しをもつことにもつながる。

④では,高校生になるとアルバイトに興味を抱く生徒が増える。ボランティア活動等でも大人と同じ場面で,何らかの役割で社会とつながりたいと思う生徒が増える。高機能自閉症のある生徒には,「得意」を発揮できる場面,誰もが認める場面をみつけさせる。活動が活躍に発展し,社会に貢献できたという達成感を感じられるように導き,活動成果のふり返りと見通しを繰り返させながら,人とのつきあい方を覚えるように支援する。この場合,

活動する場面は，近い将来の自立を視野に入れ，学校外で社会的に認められる場が望ましい。しかし最初から本人にとって負担の大きい学校外に場を求めるのではなく，学校内で小さな成功経験を積み重ねてから学校外へと活動の場を広げていくべきであろう。

⑤に関しては，非常にデリケートな課題で，難しい面もある。ただ，本人が自分の障害を認知しており，保護者や関係者が必要であると判断する場合には，高校での支援においても，本人から高機能自閉症という診断名に対する本人の思いを，聞くような機会も必要になるかもしれない。そして，本人が高機能自閉症という障害をどのようにとらえているのかを知ったうえで，本人の自尊心を十分に配慮した支援を行っていく必要があろう。

⑥について，本稿の事例では，保護者の対応の仕方にはあまりふれてこなかった。しかし，保護者のなかには，子どもの支援について熱心なあまり，思春期を迎え，自我が芽生えて親離れが始まった子どもに対しても，支援を行いすぎ，過干渉ととらえられる場合がある。その結果，「自立したい」「あまり干渉してほしくない」といった本人の願いとは，ズレが生じることもある。高校での支援では，保護者の子どもに対するかかわり方と生徒自身の保護者に対する思いについても，自立という観点から，適切な親子関係のあり方を検討する必要があろう。

引用・参考文献

高橋智・内野智之（2006）「首都圏の高校等に在籍する軽度知的障害を含む軽度発達障害児の教育実態」『発達障害研究』28（2），147-150.

Column 4

高機能自閉症のある生徒の高等学校卒業後の姿から

卒業式が終わりしばらくして，支援を行った生徒が学校を訪ねてくることがある。ある卒業生は自信にあふれた顔で，いわゆる「あか抜けた」表情ですっかり青年になっている。またある卒業生は，疲れた表情でうつむき加減に訪ねてくる。

また街角で卒業生をみかけることがある。ある卒業生は友人らしき青年と談笑している。表情が明るい。心身ともに成長しているようだ。また，ある卒業生はヘッドホーンを装着し，遠くの一点をみつめるような表情で歩いている。高校時代と変わっていない。

卒業していった生徒たちをみていると，就職をした生徒も大学や専門学校に進学した生徒も，それぞれ苦労はしつつも，よりよい人間関係を築こうと努力している姿がかいまみえる。特に，大学や専門学校に進学した卒業生の話を聞いていると，趣味を通して，サークル活動を通して，なんとか自分なりのコミュニケーションのとり方を身につけているようだ。そして，仮にアルバイトで何度も失敗したとしても，自分に合った職場をみつけようと一生懸命がんばっている姿に遭遇することも多い。

その一方，就職した生徒からは，なんとか自分なりに努力したがうまくいかなかった，またはうまくいっていない様子がひしひしと伝わってくることがある。卒業後に出会った生徒のことばからは，同僚とのあいさつ，接客における笑顔や声かけ，寄宿舎での生活，上司からの指示等々，職場の内外で起こる出来事の数々になんとか応えようとしている姿と出会う。生徒たちは高校在学中も同級生とのつきあい方にそれぞれ苦労し，コミュニケーションのとり方を学んだ。しかし，学校内で周囲の理解を得ながら時間をかけてつくりあげたコミュニケーションのとり方と，職場でリアルタイムに要求されるコミュニケーションのとり方とには大きな差があるようだ。

そこで，高校卒業後の就労に適応する支援をこれまで以上に校内で具体的に実現する必要があるだろう。これまでも職場体験などをアレンジして支援プログラムをつくってきた。しかし，多くの学校のイン

ターンシップは長くても1週間である。トレーニング期間としては短く,継続と反復の機会設定が難しい。職場体験なども含めて,日々の教科と特別活動のなかで人と人とのかかわりを学ぶための支援プログラム作成と実践が必要であろう。特に部活動では理屈として説明しにくい先輩と後輩の関係等々,一見不合理と思える人と人との関係から将来の職場でも使えるコミュニケーションスキルを学ぶ機会となる。また,学校の部活動では人間関係での苦しさもあるが,楽しさも実感できるはずだ。

　授業,実験実習,部活動,生徒会活動等々,学校生活の各場面で就労を意識した意図的な支援プログラム作成のヒントはたくさんあるといえよう。就労に適応する実践的なプログラム開発が,卒業後の生徒たちの姿から必要とされていると実感している。

Column 5

発達障害学生支援——海外の先進的取り組み

発達障害のある学生の現状　　日本では,発達障害者支援法によって発達障害学生への支援の法的根拠を得,関心や必要性が高まっている。しかし一部の大学で具体的な取り組みが始まったものの,体制整備や意識改革等,課題は多い。

海外の高等教育機関における先進的な取り組み　　諸外国では,すでに法整備や障害支援担当員等の配置がなされ,障害学生への支援が行われている。台湾では,受験上の特別な配慮が行われており,現在は国がリソースルームの設置を推奨し,経済的援助を行っている。例えば台湾師範大学では,かつてアスペルガー障害学生を受け入れた経験があり,学内の特殊教育センターで支援を行っていた(2009年3月訪問調査)。

　一方,アメリカでは,リハビリテーション法第504条と米国障害者法が法的根拠となり,障害学生への支援を提供している。なかでもユニークなのが,ランドマーク大学である。LD・ADHDの学生だけを受け入れ,彼らの認知特性に沿った教育・支援を行うだけでなく,

自己権利擁護力（self-advocacy skills）の獲得にも力を入れている。具体的には，1年次の必修科目として自己理解科目を設け，脳神経心理学，障害特性，自己認知パターンなどを学習させる。こうした障害の自己理解は自己肯定感の立て直しに重要なはたらきをし，高機能自閉症学生に対しても有効であるとのことであった。また，コーチングによる学び方への支援や，生活面（対人関係を含む）での個別支援といった手厚い支援も欠かせない。他大学で失敗体験をして退学し，この大学に転入してきた学生が言った。「（高校と違って）大学はあまりにもいろんなことがありすぎるよ。だから，すごく混乱するんだ。それでほかの友達に聞くだろ，でも（時間割や教室が違うから）その人だって知らないんだよ。もうさ，迷子になっちゃった気分だよ。……どうやって生き残るかを学ばないといけないんだ」。彼は今，学生会長として活躍している。

第11章

家庭での
支援の実際

自尊心とは，ただほめるだけで育まれるものではなく，本人が達成感を感じ，それを認められる生活の積み重ねのなかではじめて形成されるものである。自尊心が激しく低められやすい高機能自閉症児の場合，このことはさらに強調されるべきであろう。そのため，高機能自閉症児の自尊心を育むうえでは，学校以外の生活で大きなウェイトを占める家庭生活のあり方が大きく影響することになる。この章では，青年になった高機能自閉症児の事例を紹介しながら，家庭での支援のあり方について論じることにする。

1　家庭での子どもの自尊心を大切にした支援

　子どもは，学校や特別な支援施設でのみ育つのでなく，生活を共にする家族のなかで育つ。これは障害のない子どもも障害のある子どもも同じである。その意味で，高機能自閉症児の自尊心を大切にする支援においても，家庭が果たす役割は大きい。

　そこで大切にすべき基本的なことは，これまで学校での支援で述べてきたことと変わりはない。それは，①高機能自閉症児が「わかって・できる」活動や生活，換言すれば子ども自身が達成感を感じられる活動と生活をつくり，そこでの子どもの達成感を共有しポジティブに評価すること，②失敗やうまくいかない事態に対し，ただ批判や叱咤激励するのでなく，高機能自閉症児の思いを代弁することで共感的に理解すること，を積み重ねることである。

　しかし一方で家庭は，学校と異なる場の独自性をもっている。

それは，子どもの支援が，1日中，しかも時期を限定せず続くということである。これによって，家庭での支援がもつ独自の意味と課題が生まれる。1つは，家庭での支援が，学校のように区切られた期間（例えば1年）での日中のみの支援と異なり，「生活」まるごとでの，「ライフサイクルを通して」の支援となることである。一方この点は，1日中の「生活」を一生の「ライフサイクル」で支援するという，多大な負担を家族に強いる側面ももっている。家族での支援を考える2つめの点は，だからこそ，そういった負担をかかえる家族「を」支援する視点である。以下，2つに分けて論じることとする。

2　家庭での支援の意味
ライフサイクルを通して生活（life）のなかで支援する

◆「生活」のなかで支援する──無理をさせないで，できることをみつける

　学校は，時空間の枠（例えば朝8時から夕方5時までという学校が子どもと対応する時間の枠）をもったなかで，教育的意図をもって子どもと接するものである。しかし家庭は，教育的意図を特にもたない時間も含めて，時空間の枠がない状態（要するに1日中）で支援する。そういった「生活」での支援だからこそ大切にしたいことの1つは，「無理をさせないで，できることをみつける」ことである。家庭でも学校や訓練施設と同じように，明確な教育的意図をもって密度濃くかかわることを，「生活」すべてで求めるべきではない。それは，一見あるべき・正しいかかわりであっ

ても、かかわる側の家族にも、かかわられる側の子どもにも、無理をさせるものとなりがちだからである。

「無理をさせないで、できることをみつける」支援は言い換えると、一貫して「続けられる」支援でもある。これは変化なく「続けられる」支援であるため、変化が苦手な高機能自閉症児にとっては特に大切なこととなる。そして、一貫して「続けられる」支援となるためには、その家族に合った形で無理なくできるものである必要がある。このことは、家族が精神的に安定して支援を継続することを可能にする。近年の研究で自閉症児は他者の心を読むことには困難がある一方、他者のネガティブな情動には敏感に反応し混乱しやすい面ももっていることが指摘されている（Smith, 2009）。家族が精神的に安定して支援できることは、高機能自閉症児がその支援で混乱することを防ぐ意味でも有効と考えられるのである。

ここでは、「無理をさせないで、できることをみつける」かかわりを、9, 10歳の節以前と、それ以後に分けて考える。本章の第二筆者は、高機能自閉症のある20代の息子さん（A君）をおもちのお母さんである。その生育史の発表（岡田, 2007）をもとに、この問題を考える。

◆ **人を含む世界に対する安心感を保障——特に、9, 10歳の節以前**

高機能自閉症児のライフサイクルを通しての発達については、第2章でふれた。就学前の特徴の1つは、周りの大人が子どもの障害に気づきにくいことである。しかし一方で、家族が、何か通じ合えない違和感を感じていることも決して少なくない。

> 事例 11-1　子どもと通じ合えない違和感──鏡越しではじめて視線が合う
>
> 　小学6年生で高機能広汎性発達障害と診断されたA君。1歳前からお母さんには，A君に対する違和感があった。例えば4カ月頃，おむつを替えていても視線がまったく合わない。しかしお母さんがA君から視線をそらす時は，逆にお母さんを見ている。お母さんは「私はこの子に嫌われているのでは？」と感じていたそうである。首がすわってきた6カ月過ぎ頃，A君を抱きながら鏡を見て「○○だね」と言うと，鏡を介してなら視線が合うことに気づいた。A君は鏡に映るお母さんには視線を合わせたのである。直接お母さんと視線を合わせられないが，鏡越しなら視線が合う。うれしい反面，直接通じ合えない苦しさや哀しさを感じることは多かったと思われる。

　A君は，このような周囲の人と通じ合いにくい特徴を強め，1歳を過ぎ歩ける頃には，人がいるところを強く避けて1人遊びの世界に入るようになっていった。その時のお母さんの理解と対応は以下の通りであった。

> 事例 11-2　もとからあったコップのように
>
> 　A君は公園で遊ぶ際，お母さんであろうと他人の気配を感じるとさっとその場から離れてしまい，かかわることは無理だった。悪戦苦闘のなかで，お母さんは，自分がもとからそこにあった木のように，もとからあったコップのようにその場にいると，A君が拒否しないことに気づく。A君が砂をぱらぱら落としていたら，それに対して「砂を入れようか」などはたらきかけるのでなく，一緒にA君が嫌でない距離ですっと横に座り砂をぱらぱら落とすのである。それを繰り返すとなんとなくお

第11章　家庭での支援の実際

> 母さんを気にして,「ん!」と言いながら,お母さんにもう1回砂をぱらぱらしろ,と要求するようになった。

　この例は,決してお母さんが迷いもなくスムーズにこうした行動をとれたわけではない。実は事例11-2のような取り組みをしても,A君はしばらくすると飽きて,また別のところへふっと行ってしまう。その繰り返しにお母さんは,「いつまでたっても片思いだな」「この子は私に心を開いてくれないのかな」とずっと悩みをかかえていたと述べられている。

　しかしこの「無理をさせない」かかわりは,高機能自閉症児が世界と出合う発達初期にとても大切な意味をもつ。第1〜4章で述べたように,高機能自閉症の障害は,当たり前の世界の感じ方やとらえ方が定型発達児と違うところにあるといわれる。そのため周囲に悪意がなくても,高機能自閉症児にとって「混沌と苦痛」(Bemporad, 1979) に満ちた世界を自然に与えてしまいやすい。動きに予測がつきにくい人という存在が自分にかかわってくることは,そういった苦痛な世界の1つである。自閉症の特徴であるこだわりの1つの機能は,いつもと変わらない世界(こだわり)をつくることで,そういった苦痛な世界から自分を守ることにあるといわれる。周囲の世界とのかかわりを遮断するこだわりを強めるのでなく,**まず世界とかかわる安心感を保障すること**が重要になる。「無理をさせないで,できることをみつける」かかわりは,人を含む世界とかかわる安心感を実感させる点でとても大きな意味をもつのである。

　A君は,この後,絵本を自分がめくるペースに合わせてお母さんがそのページのことばを言うのを喜び,その時はお母さんのお

腹に自分の頭をもたれかけさせるようになった。お母さんは自分がテープレコーダーみたいな役割だと思いつつ，しかし身体を自分にあずけてくれたことにちょっと通じ合えたうれしさを感じたそうである。A君はこういった通じ合える経験を少しずつ広げ，次第に幼稚園や学校では相性の合う教師なら，安心できる場所としてその教師の机の下にもぐり，そこを**安全基地**（secure base）として外の世界とかかわる姿をみせるようになっていった。

◈ 働くことを見通した支援──特に，9, 10歳の節以後

　高機能自閉症児も，人を含む世界に対する安心感を実感できることで，それを安全基地として外の世界を探索し挑戦していく。また，周囲の人の心を読み始め，皆と自分の違いや仲間意識を育む9, 10歳の節以後には，仲間の影響のもとで，自分の将来についても考える力を獲得し始める。そのため特に9, 10歳の節以後の家庭での支援は，「無理をさせないで，できること」を働くことに結びつける視点が重要になる。これは定型発達児でもいえることではあるが，高機能自閉症児においてこれを強調するのは，以下の2つの理由からである。

　1つは，見えないものを理解しにくい障害特性をもつ自閉症児の場合，具体的に目に見えない「働く」ことが定型発達児以上に理解しにくいためである。高機能自閉症児が自分の好きな世界である「アニメの声優」とか「電車の運転手」になりたいと強く主張することがある。それは客観的にみると非現実的である場合が多い（例えば，シングルフォーカスが強い高機能自閉症児には，電車の運転手に必要とされる，複数の状況を同時に判断することは一番苦手な領域である）。しかし，非現実的な仕事にこだわる一因は，ほ

かの働くことの具体的イメージをつかめないことにある。そのため，その非現実性を指摘するだけでなく，ほかの「働く」イメージを具体的にもてるように支援することが重要となる。そして**「無理をさせないで，できる」働く経験**を，それぞれの発達に応じて用意することが，そのイメージをつくる土台になるのである。

2つめは，就労するだけでなく，**就労を継続できる力が弱いこと**が高機能自閉症者の課題となるためである。企業との関係で，障害者が解雇の対象となりやすい現状については，社会問題として取り組むべきある。一方，高機能自閉症者自身，職場でのストレスやトラブルがあるとすぐ気持ちが切れてしまい，自ら就労をやめてしまうケースは少なくない。そういったケースが示す就労継続に必要な力の1つは，ストレスやトラブルを自分でかかえ込まない力，すなわち**困ったと相談できる（ヘルプを出せる）力**であり，もう1つは生活に楽しみをもつ（余暇を楽しむ）力である。

困ったと相談できる力はスキルだけでなく，自尊心を土台に形成されるものである（第8章参照）。高機能自閉症児・者の場合，周囲の人からがんばるよう励まされると，「1人でがんばってやりきること＝○」という図式をつくりやすいといわれる。これはそれと表裏一体で，「1人でがんばれないこと（困ったと相談すること）＝×」という図式を形成することにもつながる。あいまいなことの理解が苦手で物事を「○（よいこと）」「×（悪いこと）」に二分しやすい高機能自閉症児・者の場合，これは特に顕著となる。そういった高機能自閉症児に，「困ったと相談すること」はよいことであると実感できる力を形成するためには，長期間の一貫した支援が必要なのである（別府, 2009）。学校や支援機関と連携しながら，家庭でも取り組む必要性はここにある。

ここでは、以上の2点について、A君の場合に応じて家庭で大切にしてきたことを述べることとする。

(1) 「無理をさせないで、できる」働く経験の保障――「人の役に立つ」自分を実感し、その結果報酬を得る経験を発達に沿って保障する

働く力という場合、働く技能（スキル）が強調される。実際シングルフォーカスが強いと、お客の複数の注文を聞いて対応するような飲食店の仕事は難しい場合がある。しかし、その店が嫌いでなく経験を積み重ねルーチンがつかめるようになると、1つのことに向ける注意の量が少なくてもこなしやすく、接客スキルを獲得できることはあるといわれる（例えば、杉山, 2002）。

一方、働くことはスキルにとどまらない力を含む。それは、働くことによって**「人の役に立つ」自分を意識する力**であり、それに対する**報酬を得る喜びを実感する力**である。

A君は、自分の思いと違う時のパニックなどは多々あったが、対人関係は受動型で大人の指示に従う力をもっていた。そのため、小学校の一時期を除くと大半は通常学級で生活していた。それは一方で、特別支援学校や特別支援学級と異なり、働く経験を学校ではなかなか保障されないことでもあった。そのためお母さんが、そういう場を段階をふみながら保障することで、「人の役に立つ喜び」とそれによって報酬を得る喜びを実感できるようにしたのである。

事例11-3　人の役に立つ喜びを経験させる

　まず小学校時代は、家でA君以外の人がしない（A君だけに任せる）仕事をつくり（例えば「風呂掃除」「お父さんに朝、新聞とたばこを持って行く」）、毎日家族から「ありがとう」と言われる経験をつくった。家庭のなかで毎日できる役割（毎日

同じなのでわかりやすい）を保障し，それを行ってほめられることの喜びを味わえるようにしたのである。中学校時代には，家族以外の人に「ありがとう」「助かった」と言ってもらえる仕事を長期休暇に保障することを工夫した。具体的には夏休みなどの長期休暇に，祖父の畑仕事を10日間手伝うことを，祖父母の協力を得て行ったのである。

事例11-4　具体的な仕事を経験して学ぶ

　高校（A君の場合は高等専修学校）に入ってからは，長期休暇を利用してのアルバイト（冬期の年賀状配達のバイトなど）を積極的にすすめた。それによって，社会のなかではこういうことをすればお金がもらえて自分の好きなものが買えるということを具体的に理解することとなった。一方で家族がお願いすることで，職場実習を繰り返しやらせてもらった。それはA君が働く際に障壁となることを具体的につかむためであった。例えばある実習では，仕事はできるが，途中で突然仕事を中断して話を聞く（生産ラインに問題があり，ラインを止めて注意を聞く）場合に，自分のきりのいいところに来るまではやめることが許せず怒って帰ってしまうことがあった。そこで次の実習までに，そういう場面の意味をA君に伝え，そうなっても怒らずに続けられる力を課題として取り組むことを繰り返したのである。A君はその結果，高等専修学校を卒業後，車の部品をつくったり洗浄する会社で就職することになった。

　このように，「人の役に立つ」喜びを実感させる経験を豊かに保障したうえで，仕事として報酬がもらえる経験を，その発達段階に応じて工夫し用意したのである。その際，内容については決して無理をさせず，本人ができることを基本にしたことが重要で

あったと考えられる。強制や無理をさせる場合は，他者との関係にまで注意を向ける余裕を子どもから奪う。その結果たとえできても，その意味（ここでいえば「人の役に立つ」喜び）にまで注意を向けられないようにしてしまう。それでは，役割を果たすことが，「人の役に立っている」喜びを伴わないものになってしまう。

また，できることを基本にしたからこそ，高機能自閉症児と家族が現実的な「働く」具体像をもてたということも指摘できる。その子にできることを見極め職種を絞って取り組むのでなく，どんな職種にも対応できる一般的能力を育てようとすることは結果として，高機能自閉症児の非現実的な就労イメージを放置することになりかねない。そうではなく，繰り返しパターン化されたものを理解しやすい能力を活用し，その子ができる仕事や職種を絞っていくことで「働く」具体像と課題がみえてくるのである（辻井，2004）。「無理をさせないで，できる」働く経験を積み重ねることは，この具体化につながるものなのである。

(2) **困った時に相談できる力を育てる**

困った時に相談できる力が，就労継続において重要であること，そしてそれが単なるスキルではなく自尊心を土台とした人格的力であることは第8章でふれた。だからこそ，相談できる力を育てるためには，相談するスキルを教えるだけでなく，①自分が困ったりやりたくないといったネガティブな感情も含めて他者に受けとめられる経験，②他者に相談して少しでもうまくいった経験を保障することが重要となる。

これは家庭での支援でも同じことがいえる。事例11-2で自分にはたらきかける他者を拒否するA君の嫌な気持ちを，お母さんは受けとめた。受けとめるということは，相手の思いをすべて

認めることではない。相手の思いを理解したうえで,その子が受け入れられるやり方ではたらきかけることまでを含むものである(白石, 2007)。お母さんは嫌な気持ちは理解したうえで,「そこにあったコップのように」ふるまうことでA君が他者を受け入れられる間口を探ろうとしたのである。上記の①でふれたことは,高機能自閉症児が「○○が困った(嫌だ)」(例えば,「友達が嫌なことをした」)と直接訴えてきたことを受けとめることをイメージさせるであろう。しかしそれ以外にも,この事例11-2にあるように,本人が直接は訴えない言動の背景に本人の拒否や困惑などのネガティブな感情の存在を共感的に想像し,それを受けとめる対応をすることもその大切な支援の1つなのである。

高機能自閉症児の場合,困ったということをどう表現していいかわからず,相手に誤解される言動を示すことは少なくない。「こんなくだらないことができるか!」「僕はこんなバカなことをやりにここへ来たのではありません」と怒る時,本当は「僕はできません」「やり方がわかりません」と言いたいのにそれがわからず,感情的に混乱してこのような言い方になっている場合がある。本当はやりたいのにできなくて困っている姿なのである。

このように高機能自閉症児は,感情の理解や表出に障害をもつため,自分のネガティブな感情や困ったことをうまく表現できない内容も多岐にわたる。それは例えば,①表現を抑え込み表面にあらわさない場合,②ネガティブな感情を抑えきれず過剰に出し続ける(休み時間ごとに,「○○君が僕の話を無視した」と言いにくる)場合,③上記のように怒りなどの誤解される形で表現する場合などである。しかしこれに対し大人は,①の場合はネガティブな感情に気づかず,②③の場合は高機能自閉症児の反応

に辟易したり拒否することが少なくない。だからこそ，高機能自閉症児の表出の背景にある思いを丁寧にくみ取り，彼・彼女が「困っている」中身をまず理解することが重要である。それを大人が理解できた時，高機能自閉症児は，困ったことを受けとめてもらえた実感をもてる。そしてこの積み重ねが，困ったことを相談してもよいという感覚を育てると考えられるのである。

3　家庭「を」支援する

◈ 家族の対応を整理する──ペアレントトレーニング

(1)「生活」での支援だから，子どもに巻き込まれやすい

家庭での支援は，子どもとうまくいかない時でも1日中「生活」まるごとで続けなければならない。そのため，家族が子どもとの悪循環の関係に巻き込まれやすい時がある。例えば，子どもが問題行動を頻発させそれを家族が激しく叱責し続ける場合である。その際，家族は問題行動の原因が子ども自身にあると考えがちだが，一方で家族の激しすぎる叱責が子どものストレスを増大させ問題行動の原因となっているとも考えられる。これは家族が，子どもが問題行動を起こす関係に巻き込まれる一例である。

しかしそこで，「子どもを叱りすぎないように」という助言をしても，それは「生活」で支援する家族の現状に合ったものではないことが多い。「子どもを叱りすぎない」のは今から1時間だけならできるかもしれない。しかし，家族にとって1日中すべての場面でそれを守りきることは簡単なことではない。一見障害が

ないようにみえながら多様な問題行動を示す高機能自閉症児の場合，それはさらに困難になるだろう。その結果叱りすぎてしまい，「助言も守れなかった」だめな自分を家族に背負わせることになる。そのストレスによって，家族はさらに子どもを叱ってしまうという悪循環に陥りやすいのである。

(2) ペアレントトレーニング

家族が子どもとこのような悪循環に陥らないよう支援する方法の1つに，ペアレントトレーニングがある。詳しくは専門書に譲る（例えば，上林, 2009；中田, 2009）が，そのポイントは家族の子どもに対するかかわり方をみつめ直し整理する支援である。例えば，家族に子どもの言動を振り返ってもらい，そのなかで「認められる（ほめることができる）こと」「やめてほしいこと」「やめてほしいことの中で，やめさせることができると思われるもの（順番をつける）」を具体的に書き出してもらう。そして，例えば「認められること」2個と「やめてほしいこと」で「やめさせることができると思われる」こと2個を取り出し，まずその4個の言動のみほめたり注意することを家族の目標とする。それができたかどうかを毎日記録してもらい，1週間ごとにチェックし修正していくのである。

これは，家族の子どもに対する言動を具体的に調整し，子育ての目標を家族が達成するのに可能なレベルに修正することでもある。1日中「叱らない」のでなく，「2つの行動をしっかりほめる」目標は，具体的でありかつ家族にとってもできそうな目標となる。その結果，家族は「子どもとうまくかかわれる自分」を実感しやすくなる。悪循環により家族の自己否定感を強めるのでなく，家族自身が自尊心をもてるような支援を行うのである。それ

が結果として家族が子どもの自尊心を育てるかかわりを可能にするのである。

◈ 評価をせずに,家族の思いを共感的に聴き取る

　近年,家族批判の流れ（例えば,モンスターペアレントという言い方）のなかで,障害をもつ子どもの家族に対しても問題性がよく指摘される。「親がなかなか障害を認めない」「家族が高機能自閉症児の思いをくみ取ってくれない」など,その批判はさまざま出される。

　しかし,支援する側としては,高機能自閉症児を1日中,ライフサイクルを通して「生活」まるごとで支援することは多大な精神的・肉体的・経済的負担を家族に強いるものであることを強く意識すべきである。しかも家族は子育て以外に,自分の仕事やきょうだいの育児,祖父母の介護など,たくさんの別の「生活」も同時にかかえている。支援する側は,あるべき家族像に縛られそれを基準に家族を評価・批判するのでなく,その家族がその家族なりにふんばっている独自のあり方（高阪〔2009a,2009b〕はその内容をさぐるうえで参考になる）を理解する視点をもつことが重要となる。そのためにはまず,家族の取り組みがよいか悪いかといった評価をいったん脇においたうえで,家族がこれまでたどってきた子どもとの歴史,今の生活の様子を丁寧に聴くことが必要であろう。自分の思いを評価ではなく共感的に聴き取ってくれる経験は,家族自身に,自分のがんばりや苦しみを認めみつめ直す力を与えるからである。

　このことは,高機能自閉症児をもつ家族支援に際して,「困った」家族は「困っている」家族とみる視点（楠,2008）を生み出

すもととなる。子どもの障害を受けとめなかったり、教師の話を聞いてくれない「困った」家族という見方は、教師や支援者からみた視点である。それに対し、家族自身、親としてがんばりたいのにがんばれないストレスや1人の人間として自分を肯定できないしんどさなどをかかえて「困っている」ととらえるのは、家族の視点に立った理解である。評価ではなく、**家族の思いを共感的に聴き取る**ことは、家族の立場に立って「困っている」ことを共感的に理解することでもあるからである。

例えば、高機能自閉症児の家族のなかに、家族自身が高機能自閉症の特徴そのものやうつ的傾向を持ち併せる人が存在することが指摘されている（楠, 2008）。その視点でみれば、家族自身が高機能自閉症の特徴をもっている場合、対人関係が苦手な家族が、対人関係が苦手な子どもを育てるという二重の困難をかかえていることに気づかされる。教師に一方的に文句を言う「困った」家族のなかに、実は家族自身がそのような困難をかかえ、精一杯がんばってもうまくいかず「困っている」場合があるのである。

最初にふれたように、家族の精神的安定は、高機能自閉症児の自尊心を育むかかわりを、1日中ライフサイクルを通して継続して可能にする強力な原動力となる。そして家族の精神的安定を生み出すためには、家族の思いを共感的に聴き取り、家族の「困っている」内容を理解しようとする支援者の存在が、とても大きな意味をもつのである。家族を評価したり批判するのでなく、その家族なりのあり方を想像し、共感的に聴き取り、そのふんばりを認めることが支援する側に求められるのである。

引用・参考文献

Bemporad, J.（1979）Adult recollections of a formerly autistic child. *Journal of Autism and Developmental Disorders*, **9**（2）, 179-197.

別府哲（2009）『自閉症児者の発達と生活――共感的自己肯定感を育むために』全国障害者問題研究会出版部

上林靖子監修／北道子・河内美恵・藤井和子編（2009）『発達障害のペアレント・トレーニング実践マニュアル――こうすればうまくいく』中央法規出版

楠凡之（2008）『「気になる保護者」とつながる援助――「対立」から「共同」へ』かもがわ出版

中田洋二郎（2009）『発達障害と家族支援――家族にとっての障害とはなにか』学習研究社

岡田宏子（2007）全日本私立幼稚園連合会平成19年度東海北陸地区・私立幼稚園教育研究岐阜大会・第1分科会（「配慮の必要な」子どもたち）話題提供者発表資料

白石正久（2007）『自閉症児の世界をひろげる発達的理解――乳幼児期から青年・成人期までの生活と教育』かもがわ出版

Smith, A.（2009）Emotional empathy in autism spectrum conditions: weak, intact, or heightened? *Journal of Autism and Developmental Disorders*, **39**（12）, 1747-1748.

杉山登志郎編（2002）『アスペルガー症候群と高機能自閉症の理解とサポート』学習研究社

高阪正枝（2009a）『イケイケ，パニッカー1――自閉症の子育てマンガ＆エッセイ新装版』クリエイツかもがわ

高阪正枝（2009b）『イケイケ，パニッカー2――旅立ち編』クリエイツかもがわ

辻井正次（2004）『広汎性発達障害の子どもたち――高機能自閉症・アスペルガー症候群を知るために』ブレーン出版

Column 6

発達障害者支援法

発達障害者支援法の成立　2005年4月1日に施行された発達障害者支援法（2004年12月10日法律第167号）は、これまで法の狭間にあり、十分に対応されてこなかった障害者に対し、支援策を講じるものである。具体的には、社会性の障害である広汎性発達障害や知的障害を伴わないLDやADHDのある人が対象である。

発達障害者支援法の概要　本法の重要かつ基本的な理念は、ライフステージに応じた一貫した支援の提供により自立と社会参加を目指すことである。そこで、障害の早期発見・対応、就学前から大学等を含めた教育、就労、地域での生活と縦断的かつ横断的な支援施策が盛り込まれている。こうした支援の中心となるのが、発達障害者支援センターであり、ここでは、直接的な支援の提供にとどまらず、専門的な医療機関の確保や、医療、保健、福祉、教育などの関連機関との連絡調整や研修も担っている。また、本法では、責任の所在も明確にしており、これには「国民」も含まれることから、社会全体に対して支援の方向性を示した法律といえる。

発達障害者支援法をめぐる諸課題　上述の通り、本法によって対応が遅れていた障害に目が向けられ、支援を得るための法的権利が保障されたことは大変意義深い。実際、本法成立後、各地域に発達障害者支援センターが設立され（2008年9月1日現在71か所）、支援や理解啓発、研修に努めている。しかし、本法は「理念法」であるため、具体的な取り組みについては国や各自治体で順次示されていく。したがって、体制整備や専門家の養成・確保に関しては地域差が懸念される。また、国連障害者の権利条約（2008年5月発効）との関係でいえば、例えば教育では、「合理的配慮」が求められるが、本法での規定はあいまいであるため、「支援」と「配慮」の条件整備をより明確にする必要がある。これは雇用に関してもいえることであり、今後、施行規則のような具体的な施策の提示が求められる。

第12章

心理臨床現場での
支援の実際

自己理解と他者理解

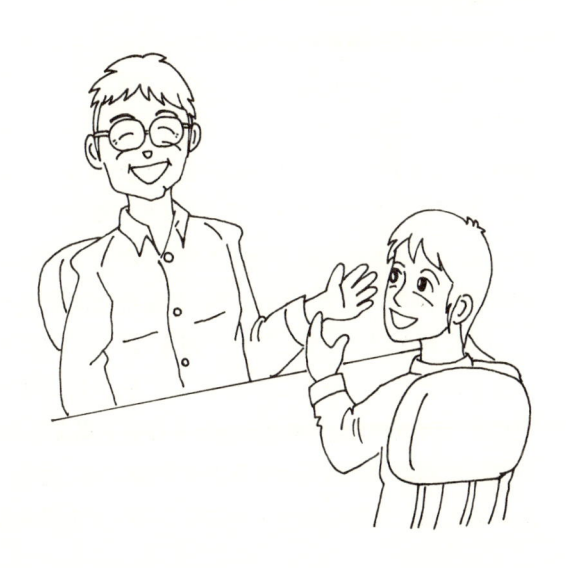

自己理解の出発点となる「自分らしさとは何だろう？」などの自分についての問いや，「自分はなぜパニックになるんだろう？」など，自分の特性に対する問いにどのように対応していくべきか。障害の告知をめぐる支援のあり方をめぐり，単なるラベリングではなく豊かな支援につなげるための告知とはいかにあるべきなのか。また，自己理解を深めるための支援とは，具体的にどのような活動を通して進められるのか。この章では，これらについて事例をあげながら述べていくこととする。

1　障害の告知をめぐる支援

◆ 自尊心が壊れることへの不安

　「アスペルガー障害の人が主人公になってる漫画を読んだんですけど，あれって自分とそっくりなんです。自分ももしかしたら，そうなのかなって思って……」と，とつとつとこれまでの自分の体験と漫画の主人公の共通部分を，自分自身でも確認するかのように語り始めるクライエント，「うちの親が入っているある会があって，インターネットでそこの会のホームページ見たら，自閉症の親の会みたいで……ってことは自分は自閉症なのかなって……親は何か隠そうとしていて何も言ってくれない」とのとまどいをかかえながら訪れるクライエント，「僕は障害者なんかじゃない!!　それなのに，友達もきょうだいも僕を障害者扱いする!!」と怒って相談室にあらわれるクライエント。近年，インターネットの普及や，自閉症をテーマにしたドラマや漫画などの増加，少

年犯罪との関連などでもマスコミで取り上げられることが増え，上記のような思いをもって来談する事例が増えている。

　これらのようなクライエントは，もしかして自分は「障害」があるのではないかという恐れにも似た不安，知りたくないという思いと同時にはっきりさせたい気持ち，何かを隠されているのではないか・質問してもはぐらかされているのではないかという周囲への不信感，一方で周りのいうことを信じたい気持ちや「障害」があると宣言しないでほしい思いなど，両価的な思いが複雑に絡み合っている。このような葛藤をクライエントは上述したようなさまざまなことばで表現してくる。これらのことばの背景に共通して存在するクライエント自身が最も恐れていることは，"自尊心が崩れていくこと"である。"自分には障害があるかどうか知りたい"という主訴で来談してくるクライエントの真の主訴は，"自尊心が崩れそうで恐い"ということなのである。

◈ 自己への問い

　上記のように，自分や周囲の自分へのかかわりについて疑問をもつ気持ちやその答えを知りたい気持ちは，相談室や病院のカウンセリングに自発来談するクライエントに限ったことではない。特に，児童・思春期においては，カウンセリング場面であらためて自分のなかにある問いをカウンセラーにぶつけるということはなくとも，日常の生活のなかで多くの疑問を呈していることが考えられる。田中ら（2006）は，これらの疑問に日常的に身近で接していると思われる保護者を対象（子どもの障害はADHD, LD, 広汎性発達障害などの発達障害である）に調査を行っている。表12-1は，この調査結果で得られた自己への疑問の具体例を示し

表 12-1 自己への疑問（具体例）

事例	学年	診断名	自己への疑問
A	小2	ADHD	"離席をしない"という先生との約束について「どうして僕は覚えられないの？ 朝約束したことを帰りには忘れてしまうんだろう？」
B	小3	ADHD, LD	「なんで僕だけ病院に行かなきゃならないの？」／「どうして僕はできないんだろう？ 他の子はできるのに」／足し算がうまくいかない時自分の頭をこぶしで叩きながら「どうして僕はだめなんだ？」／絵がうまく描けない時「なんで描けないんだろう？ この手が悪いのかな？」
C	小3	PDD	通院の時「病院は病気を治すところでしょう？ クラスの友達が行ってないのになんで僕だけ行くの？」
D	中1	PDD	「怒られたのに，どうしてまた同じことをしてしまうんだろう？」「どうしてこんなにすぐ忘れてしまうんだろう？」と否定的内容に関しての疑問を繰り返し言う
E	中3	PDD	「どうして僕はこう（自傷）しちゃうんだろう？」「なんで他の人と違うんだろう？」「どうして自分はできないんだろう？」という発言を頻繁にする
F	中3	PDD	補助の教師が個別についた時に「私にだけ先生がつくのはおかしい」と言って，「私を特別扱いしないでください」と先生へお願いに行った

（出所）田中ら，2006。

たものである。自分が受けている薬物療法や心理療法への参加に対して，クラスメートとは別に自分だけが通級指導教室で授業を受けるなど自分のおかれた特別な教育支援環境に対して，また，パニックや人の冗談がわからないなど自分の困っている事態に対して，さまざまな疑問を日々もちながら過ごしていることをうかがうことができよう。

このように，特に，思春期・青年期以降において，**自己理解**を

深めていく時に,「自分らしさとは何だろう？」「人と比べて自分はなぜ○○なんだろう？」など,自分の特性に関する問いが出発点になっているといえる。また,「自分のことを知りたい」「自分について理解を深めたい」ということを**自己認識欲求**という点から,発達障害のある青年期を対象に定型発達の青年期と比較検討した結果（越智, 2008）においても,発達障害のある青年では,自分がクラスの友達とどこか違うのではないかということについての自己認識欲求が高いことが示されている。以上のように,心理臨床場面でのクライエントの訴えおよび研究調査結果をふまえると（当然のことながら,クライエント本人への支援環境や保護者の意向を鑑みながらではあるが）,これらの疑問に対する答えや障害の有無を知りたいというクライエントの気持ちについて,真摯に丁寧に対応していくことが求められる。

◈ 障害告知は支援につながるのか

それでは,上記のような問いやクライエントの主訴に対してどのように答え,場合によってはどういうことばやタイミングで障害の告知をすることが有効な支援につながるのだろうか。ここに,障害の告知が支援環境構築につながったとはいいがたい事例（**表12-2**）をあげてみよう。これらは,障害と病気の概念の混同や,診断名と自己の特性とがつながらないまま診断名だけが一人歩きしていることによって,障害告知がむしろマイナスにはたらいてしまった事例である。

障害の告知は基本的には行ったほうがよいという考えのもと進めるとしても,クライエントの発達年齢や,自己理解・他者理解の発達によっても,告知のタイミング,伝え方や伝える内容など,

表 12-2 告知が有効な支援の一環としてつながりにくかった事例

事例	エピソード
H：告知内容が十分理解できなかった事例	小学校低学年の子どもが通級指導教室に通うようになったことを機に、"はっきり伝えたほうがいい"とのことで、自閉症であることを伝えたところ、何かうまくいかない時に「僕は今自閉症っていう病気にかかってるんだから、できなくて当たり前です！病気が治るまで待ってください！」と友達や先生に対して堂々と繰り返す。
I：障害＝犯罪者の図式のなかで診断名をとらえた事例	障害の告知とともに凶悪な少年犯罪事件でマスコミが取り上げる診断名と自分の診断名を重ね合わせ、自分もいつか犯罪を起こしてしまうのではないかと恐いからと、人に会うことを恐がり外出しなくなった。
J：親の障害受容が進んでいなかった事例	高校2年生の時に、インターネット等から情報を集め、自分が自閉症ではないかと思い中学校の元担任の先生に自分から相談に行き、自閉症としての自分を今後どう生きていくかなど前向きに取り組んでいた。しかし親にはすでに診断名の告知はされていたものの受けとめきれないままその時まで至っており「何言ってるの。がんばればちゃんと就職もできるから」と親に言われたことで、「じゃあ、僕が何かうまくいかないのはいったいどうしてなんだ‼」と非常に混乱した。
K：体験をまとめる線としての診断名＝自己理解がないために失敗体験を繰り返す事例	運動会の騎馬戦で全員が秩序なく動き回るなかにいて「逃げ出したくなるような圧迫感」を感じた。また、お楽しみ袋が好きでバーゲンに行き、人ごみで「叫びだしたくなるような不安感」を感じた。このようなその時々の自分の混乱ぶりについてはふり返るものの、こうした体験の背景に一貫して、ざわざわと動く人の多さに対する苦手さがあるという自己理解には至らず、お祭りに誘われると、喜んで行き、再び非常に混乱して帰ってきた。
L：診断名に自分の特性を極端にあてはめる事例	「自分は自閉症なので、やはり人とよい関係を築いていくことは難しいのです。これは自閉症の特徴です」と宣言したり、同じ自閉症グループのほかのメンバーに対して、「君は自閉症なのに、こだわりがないわけない！何かあるだろう⁈」と何回も質問する。
M：安易なカミングアウトや、障害を努力しないことの言い訳にする事例	「ここのなかで、自閉症の人いますか？君も自閉症かな？」と、グループ参加者1人ひとりに聞いて回る。 仕事で失敗した時に「いや～、自閉症なんで、大目にみてもらわなくては困ります。一応障害枠での採用なんで」と悪びれることなく上司と交渉する。

その支援の仕方は変わってくることはいうまでもない。したがって，障害の告知をめぐる支援のポイントとしては，告知の前提ともいえる条件としてどのようなことをふまえる必要があるか，また告知の際，内容として含めるべきことは何か，の大きく2点から考えることができるだろう。以下で述べる**告知のタイミングと内容**における支援のポイントについて，内山ら（2002）を参考に事例と関連づけ筆者が独自に作成したものを**図12-1**（事例G）に示した。

◆ 告知にあたっての前提条件

告知の前提条件としては，以下の4つの点から考慮する必要がある。1つめは，説明内容に対する理解力はどのくらいあるかという点である。かかわり手の説明技術や伝達の多様な工夫にもよるところはあるが，説明内容が十分に理解できる程度に発達レベルが届いていない段階では，告知は有効な療育にはつながっていかない。**表12-2**事例Hのように，病気と障害が概念として区別されておらず，障害とは生涯にわたって自分とともにあるものだという説明内容がそもそも正しく伝わっていないことがうかがえる。また，「病気」という解釈のもと安易に周囲に伝えてしまうという事態ともなる。逆に，説明内容を十分に理解した場合には，自分の障害としての状態像を「特性」としてとらえる側面をもつことができ，自分が困っていた状態を知的に整理するキーワードとして診断名を利用することも可能となる（**図12-1**①）。

2つめは，「障害」ということばに対してどのようなイメージを抱いているかという点である。「障害」ということばに対して極端な恐怖心や嫌悪感をもっていたり，「障害＝犯罪者」という

図12-1　告知事例G

事例G　小学6年生男児。6歳児に自閉症の診断。宇宙に関する興味関心が非常に強い。通常学級在籍。小学校低学年の頃より，授業に参加せず，それを教師や友達から非難されるとトラブルとなり，「自分だってがんばっているのに」「いつも責められてばかり」と強い被害感をもちパニックになってしまう。学校では巡回相談を受けさせたり，補助教員配置をしたりなどの対応をしてきた。

①説明内容に対する理解力の確認：そもそも「障害」概念を理解することができるかを把握	お医者さんの世界では"自閉症"という名前がついていて，そういう脳のタイプ。努力が足りないから"自閉症"になったということではない。風邪をひくとかのような体の病気でも，心の病気でもない。病気じゃないから，治そう治そうと必死にがんばらなくてもいい。それよりも，"自閉症"という脳のタイプに，ぴったり合ったやり方をみつけることが大切。	⑥原因をクライエントに帰属させない診断名の告知：罪悪感からの解放
	G君は，宇宙のことにはとってもとっても詳しい。たぶん学年で，いや学校中で一番くらいよく知っている。そして，そうなるためには，驚くくらい一生懸命に知ろうとして，もっともっと知るために，とっても努力をする。その集中力や記憶力は，とても素晴らしい。	③⑦肯定的側面からの説明
⑤やり方・工夫についての体験的理解：うまくやっていけることの実感をもった未来への見通し	でも，宇宙のことで頭がいっぱいで，授業中にも惑星の名前を独り言で言ってうるさくしたり，宇宙図鑑を広げて授業の勉強をしなかったりする。知りたい気持ちが自分でもどうしようのないくらい抑えきれなくなる。だから，やってしまったあと，またみんなの授業の邪魔をしたって落ち込んじゃう。知りたい気持ち，好きな気持ちが抑えられなくて，集中力のコントロールがうまくきかないのも"自閉症"という脳のタイプ。	④⑦否定的側面からの説明（それに伴う感情も含める）
	けれども，コントロールすることに，この前成功した。休み時間には必ず宇宙の本を広げるようにして，机の上に時計を置いて，あと何分で休み時間が終わるかをみながらだと，頭を切り替える心の準備ができたって。そし	

たら，そのあとの授業は先生の声が全部聞こえてきたって言ってた。それは，すごい発見！すごい工夫！だから，"自閉症"だからって，コントロールがきかないってことはない。やっぱり自分に合ったやり方や工夫をみつける努力は大切。

なにより自分が没頭できる，好きなこと，趣味をもっているということは，人生を楽しく幸せにするためにとても大切なこと。だから，治す必要はない。自分にぴったり合ったやり方をみつければ，自分も周りの人ももっと幸せになっていく。それを一緒に見つけていこう。そのためのグループがあるんだけど，参加するかな。そのグループでは，お互いに，いろんな工夫を見つけ出して，お話し合いをしたり，自分のことを考えたりしている。

⑧⑨相談場所の確保，ピアグループへの紹介：告知しっぱなしではなく，必ずつなぐ

「自閉症」とか「障害」が，恐いとか，価値がないとか，危ない人とか，犯罪者とか，そういうことは絶対にない。今，G君がそんなふうに思っているとしたら，それは間違い。でも，間違って，そんなふうに思っている人も，あなたの周りにいるかもしれない。ネットの書き込みもあるかもしれない。だから，自閉症は恥ずかしいことでも隠すことでもないんだけど，周りのみんなにいきなり伝えるんじゃなくて，まずはこのことを誰に伝えるか，ちょっと慎重に考えていこう。そして，間違って思っている人や，ネットや本とかで，間違っている内容をみたら，ぜひ教えて。そういう人たちが減っていくように，「それは間違いですよ」と広めていくことも，私の大切なお仕事の1つだから。ぜひお願い。
（実際には，クライエントとのやりとりで進めていく。また適宜数回に分けるなどして丁寧に進めていく。）

②本人，周囲の「障害」へのイメージ：まずはどんなイメージを本人がもっているかを把握

⑩「自分が自閉症」ということの発信と「自閉症」についての情報収集の慎重さ：社会の偏見による傷つきから守る

（注）　①～⑨の順に本文中で解説する。

第12章　心理臨床現場での支援の実際

図式で単純にとらえていたり，特別支援学級に在籍している友達を排除しようとする態度がみられる場合は，告知は積極的に行う時期かを今一度考える必要がある。なぜなら，このような事例に対する告知は，自分自身を強く否定する感覚と絶望感をもたらすことになりかねないからである。**表12-2**の事例Iはまさに「障害」というネガティブイメージを丸ごと自分自身にあてはめてしまったことによって，自尊心が傷つき崩れていった事例といえるのではないだろうか（**図12-1**②）。

3つめは，自己理解と**他者理解**の発達の程度からの見極めである。自分をある程度対象化して考える目が育っていなければ，自分の特性の一部として告知を受けとめることは難しい。そして自分をある程度対象化できるような自己理解の発達は，他者理解の発達と非常に関連が深い。なぜなら，**表12-1**に示したような自己への疑問は，他者の特性について認識したり，そのような他者と自分との比較から生じている場合が多いからである。このような自他の相違について気づき始めていることは告知の前提となるだろう。

4つめは，どのような**支援環境**が整っているかという点である。クライエントを取り巻く家庭環境，学校環境，社会環境のなかで，クライエント本人への障害告知において，「家族や周囲のひとびとのたゆまぬ取組が，障害がある子どもが思春期になり，また成人となって，自分とは何かを問い，自分探しのたびに出るときに初めて実を結ぶ」（中田，2008）ものとして，これらの支援環境を整えることが重要なことである（**表12-2**事例J）。例えば，家庭環境であれば，親がわが子の自閉症特性について，かかわりようによってうまく社会的に適応していくことができるという実感が

あるか,これも1つの個性として受け取る感覚をもっているかどうか,両親の間で告知に対する方針に齟齬があり,その間にはさまれるかのようにクライエント本人が障害の受けとめについて揺れ動いていく可能性があるのではないか,などについて見極め,それぞれの家族のあり方に合わせた告知の方法を選択工夫する必要があるだろう。

以上4つの観点から,告知のタイミングを判断する観点について述べてきた。自尊心を大切にしたかかわりは,そのクライエントがそれまで生きてきた生い立ちの過程で,自分自身を肯定する感覚がいかに培われてきているかに支えられていることをふまえていくことはいうまでもない。

◈ 特性と診断名の告知

前述のような前提となる条件について多角的に検討したうえで,実際に障害の告知をすることとなるが,その内容としては次の2つに集約できる。

1つめは,自分の特性についてである(**図12-1** ③ ④ ⑤)。クライエント自身が感じている自分の特性について,肯定的・否定的側面の両面からどのような自己理解をしているのか,そのようにとらえている具体的根拠はどのようなエピソードにもとづいているのか,などに関してクライエントとともに整理していく。そして,否定的評価を伴った自己理解については,これまでどういう工夫があればうまくいったか,あるいは,どのような支援のニーズを求めているかを合わせて話し合い,人との関係において自己のありようが変わってくることについて体験的な理解を深める。それだけに,これまでクライエントがどのような支援環境で育っ

てきたかはこの理解を実感を伴ったものとすることにおいて非常に重要である。

2つめは，診断名についてである（**図12-1⑥**）。診断名の告知によって，それまで必要以上に自分の努力不足だとばかり原因を決めつけていたことからくる罪悪感から解放されたり，自分は悪くないという安堵の気持ちを得ることができる。また，クライエントにとっては，それまでばらばらに個々に認識されていた自分の特性を1つの線でつなぐキーワードとして診断名が機能する。このような自己理解が深まることは，自分の行動や反応を予測したり了解感が高まることとなり，"楽な"方法を自分で選択工夫することにつながる（**表12-2事例K**）。

診断名告知にあたっては，自分の否定的側面や困っている事態についてのみから，これら困難さの原因となる行動特性と「障害」とをつなげて説明するのではなく，肯定的側面も含めて行う（**図12-1⑦**）。つまり，自閉症の特性は社会生活を送るうえで適応的な対人関係を形成していくうえで困難さの原因になる場合も多いが，一方で，長所でもあると価値づけたうえで，そのような特性に医学領域では"名前"がついていることを伝える。「障害」という"名前"は，どうしても健常の世界とは別の世界へ押し出され，その状態が固定したイメージをクライエントに抱かせることは否めない。このような時，そのマイナスのイメージを払拭するために，上記1つめの体験的実感をもった肯定的・否定的両側面からの自己理解が生きてくることとなる。

◆ 告知を支援につなげる

以上の2つが障害告知の直接的な内容となる。そして，これら

のことがクライエントにとって，自尊心を大切にしていくこととともに伝えられるためには，以下の2つのことも合わせて含めることが重要である。

そこで，告知の内容としての3つめは，**相談場所の確保**である（**図12-1⑧**）。当然のことながら，告知により障害を認識することはゴールではなく，一連の支援の1つの過程である。したがって，クライエントは告知後に自らの意思で障害の理解を深めていくことが必要であり，そのための専門機関の利用を保障することが求められる。告知時に診断名やその特性が伝えられることになるが，クライエントはその後も告示時の情報を自分なりに咀嚼し自己理解の枠組みに組み込んでいくこととなる。告知時にはショックを受け深刻な気持ちで受けとめていた診断名をすっかり忘れてしまったり，「思っていた通りでした」とすんなりと診断を受けていたものの進路選択にあたってかたくなに拒否するなど，発達過程やその時々の環境によって変化していくことも少なくないのである。さらには，インターネットをはじめ安易に多様に価値づけされた情報が行き交うなかで，情報の取捨選択を適切に行うことも重要となり，こういった情報の整理をともに行っていくことも相談機関の役割の1つとなってくる。以上のようなことを目的とした相談場所の確保の重要さは，クライエント本人にとってのみではなく，その家族や在籍している学校関係者などにとっても同様である。

4つめは，ピア・カウンセリングの機能を果たす**仲間の紹介**である（**図12-1⑨**）。同じ悩みや似たような特性をもっている仲間との出会いは，自分1人ではないという勇気や安堵感とともに，障害特性としての自己理解と，自分独自の個性としての自己理解と

図 12-2 共通性と差異性の発見の場

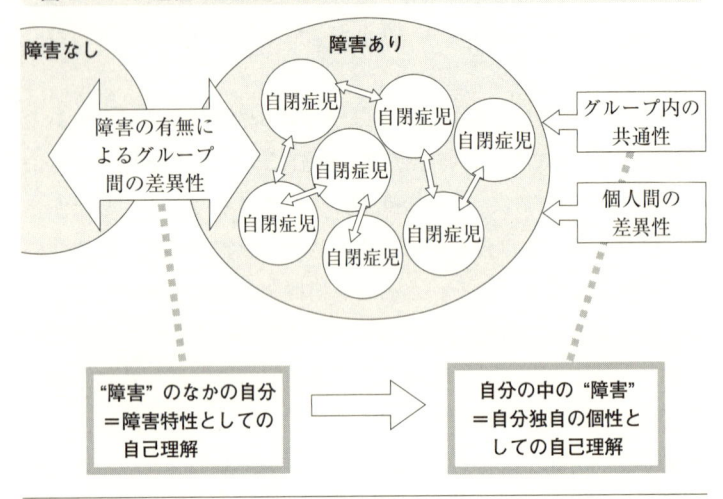

障害なし／障害あり
障害の有無によるグループ間の差異性
自閉症児（グループ内の共通性／個人間の差異性）

"障害"のなかの自分＝障害特性としての自己理解 → 自分の中の"障害"＝自分独自の個性としての自己理解

を深めることとなる。いったん診断名が告知されると，自分自身の体験を過度に一般化し，極端なほど自分の特性をすべて障害特性から理解しようとする傾向がある（**表 12-2** 事例 L）。したがって，**図 12-2** に示すように，自閉症という同じ診断名のある仲間同士での類似した特性（グループ内の共通性）を確認することで，自閉症理解を深める場であるとともに，一方で，同じ診断名とはいえ仲間それぞれに異なる特性（個人間の差異性）もあるという，共通性と差異性を見出していく場の提供ともなりえるのである。そして，その仲間が異年齢で構成されている場合には，生涯発達の見通しへともつながることが期待できる。

そして付加的内容として，安易に誰彼となくカミングアウトしないことや，努力からの逃げとして「障害」を使わないことなどを伝える必要がある（**図 12-1** ⑩，**表 12-2** 事例 M）。相談場所の確

保のところでも述べたインターネットなど情報の選択についての必要性とも重なるが，残念ながら，豊かな支援につなげることを基本的な心的態度としてもっている人ばかりではないのが現況であり，このことに関しては地域格差も大きいこともある。したがって，クライエントを取り巻く社会状況をふまえ，情報の発信および収集にあたっての慎重さに関する認識を促す必要があるだろう。

2 自己理解の深まりからの支援

◆ 自己理解の特性

　上述してきた告知によって，自己理解の枠組みのなかに「障害」としての特性を組み込んで自己理解を再統合していくこととなる。したがって，自己理解の深まりを促すことが支援のねらいの1つとなっていく。そこで，このような点から支援を考えていくにあたり，まずは自閉症者の自己理解にはどのような特性があるのかについてふれることとする。滝吉（2009）は知的障害のない**広汎性発達障害者**（平均生活年齢13歳）を対象に，デイモンとハート（Damon & Hart, 1988）の自己理解発達モデルを改変し，それにもとづいた調査を行っている。それによると，定型発達者では人格特性の側面から自己理解をしているのに対して，広汎性発達障害者では自分の特性を語る際に行動スタイルについての言及（「いつも〜をする」など典型的な行為や行動，「歌がうまい」など能力評価を含む行動，「鉄道が好き」など嗜好・興味・欲求に関する

表 12-3 自己理解の特性

行動スタイルの側面からの自己理解	【事例 N（中学 2 年生，アスペルガー障害）】 電車に乗って旅するところが（自分の）いいところ。電車に乗って旅すると，大好きな鉄道に乗って遠くまで行けると思うから。電車に乗る時はほとんど 1 人。最近はほとんど 1 人。友達を誘って 583 系の快速ビャッコに乗って会津若松まで行ったんだ。将来は青春 18 切符を使う。 【事例 O（高校 1 年生，アスペルガー障害）】 円周率を 100 桁近くまで言える。昔から数学は好き。
否定的なとらえ方を示した自己理解	【事例 P（高校 2 年生，広汎性発達障害）】 特にとりえのない，そこらへんの……しいていえば馬鹿です。ほかの人をみるとわかるんですけど，みんな勉強が得意とかあるんですね，やっぱり。でも自分にはそういうのがないですね。 【事例 Q（高校 2 年生，アスペルガー障害）】 恐怖とか不安とかが強いから，何でもかんでも友達に無理して合わせちゃうっていうか，そういう傾向とかあります。ここで断ったら嫌われちゃうかなみたいな。相手にあんまりよくないように思われるかなみたいな。こんな自分はしようがないと思う。どうすることもできないと思うし。

（出所）　滝吉, 2009 を一部改変。

言及がここに該当する）が多いこと（**表 12-3 事例 N・O**），否定的に自分の特性をとらえる傾向が強く，それは他者との相互関係において自己をとらえる際に顕著であったこと（**表 12-3 事例 P・Q**）が示された。このように否定的な自己理解がみられることは，ほかの研究結果においても指摘されている（例えば，Begeer et al, 2008）。

　以上のような高機能自閉症における自己理解の特性をふまえると，彼／彼女らが自己の中核として語った行動スタイルの点からの自己理解を尊重するとともに，一方で行動スタイルの側面に多く偏っている自己理解をその他の多様な側面から自分をとらえるよう促したり，自分を否定的な評価だけではなく肯定的にもとら

え両価的な自己理解を深めることを促すことなどが支援のねらいとしてあげられるだろう。

◈ 自尊心と自己理解・他者理解

　ここでは，告知時の内容として，仲間との出会いの1つの場である，**集団での心理臨床活動**の場面においてどのような支援が求められるかについて，考えていきたい。自尊心とは，自己の特性について高く評価している側面も，逆に低く評価している側面も両方の側面における特性すべてを含めて，"これが自分自身であるのだ"という実感があること，さらには"こういう自分が好きだ"という自分を愛する感覚があることである。このような自尊心が十分に育つためには，他者との比較をするなかで，自己を対象化したり相対化したりすることを通して，**他者との共通性や差異性**を整理し，複数の側面で自分をとらえる自己の多様性への気づきを促す必要がある。

　グループで行う心理臨床活動はこのような自己理解・他者理解を促すために有効な場である。なぜなら，集団の場での複数の多様な他メンバーの存在は，自己に対する客観的な眼となり，そのまなざしが自己の内面に対する自己観察を促し自己理解を深めるからである。これは，告知の前提条件としてあげた自己理解と他者理解の発達とも関連が深い。また，グループのメンバーに受け入れられた感覚は，同時に"こういう自分でいいのだ"という自己肯定感や自分自身を愛する感覚につながっていくことが期待できることも，集団の有効性の1つである。集団意識が形成され凝集性が高まっていくのに伴い，"自分もこの集団の一員である"という安心のもとで自由な自己表現も促される。そうして，その表

現された自分のありように対して，自分自身でも新たな自己の側面に気づくことも起こってくる。このようなことから，ここでは特に集団における心理臨床場面について，自己理解および他者理解を促すことを目的とした活動に焦点をあてて取り上げていくこととする。

◆ 自己・他者理解支援のための2段階

では，具体的にはどのような支援のポイントが考えられるであろうか。支援を考える際には，大きく2つの段階に分けられる。まずは，「自分の特性を考えるために自分を対象化すること自体の難しさや，他者に対する興味関心の希薄さがみられる場合に対する支援が中心となる段階」（次項，支援A）である。これは，次の支援Bで述べるようなことをねらいとする支援の前段階となり，他者に注意を向けるとか他者とかかわろうとする志向性を促すなど他者性の意識化が支援の中心的ねらいとなってくるであろう。つまり，他者性の低さをどのようにして促すか，ということである。他者理解の深まりと伴って自己理解も深まっていくが，その前の段階である。そうして，他者性がある場合それは一方的か双方的か，そしてその他者の心の読み取り方に独自性があるか，さらには他者が複数の場合にはその複数の他者間からなる状況全体への志向性があるか，ということが問われてくる。

このように考えると，支援の主眼はまずは大きく，他者性の希薄さがある場合と，ない場合とにかかわりの焦点が大きく分かれるのではないだろうか。他者の心や状況それ自体への志向性が低い場合では，まずこのことに対する支援が求められることになる。そして，次の段階として「自己理解や他者理解の具体的な内容

深めていくことが主なねらいとなる段階」(後述,支援B)に進む。

以下,上記の自己理解の特性からみた支援の観点をふまえ,また自己理解・他者理解の発達段階との関連から,グループワークにおける支援例について,支援のポイントおよび事例をあげながら紹介することとする。

◆ **集団心理臨床における支援A　活動例:自分の特性を考えるために**
自分を対象化すること自体の難しさや,他者に対する興味関心の希薄さがみられる場合に対する支援が中心となる段階

支援Aの他者性の認識を促すための支援として,**身体レベルの共同性**を求めた活動が考えられるだろう。なぜなら言語を媒介にしたやりとりでは,他者性を認識するような状況を構造化することが難しいと思われるからである。そのために相手の動きに合わせざるをえないような動きの共同性を,文脈として埋め込んだ構造化を設定する必要がある(和田,2006)。他者性に開かれていない場合には,他者を視野に入れながらの自己の調整を求める活動として,身体的動きを他者に合わせることが求められるような構造化を含んだゲームを用いた活動例の一部を**表12-4**に紹介しよう。表には,他者の動きに合わせて自己の身体の動きを調整することを主眼とした活動と,他者の意図推測を通して表象を調整することを主眼とした活動とに分けて示している。

複数の他者(自分の前の人と後ろの人)に同時に注意を向けなければならない活動(トイレット・デリバリなど)や,紐で結ばれ動きの協調性が強制的に求められる最も構造化の程度の高い設定によって,結果として他者の動きに合わせざるをえない状況をつくりだしたり(二人三脚),ボールが落ちないようにするためには,

表 12-4　集団心理臨床における支援 A 活動例

ねらい	活動例	活動のポイント
他者の動きに合わせて自己の身体の動きを調整する	【トイレット・デリバリ】トイレットペーパーを複数人数をまとめて巻いた状態で、そのペーパーが破れないようにしつつゴールまで移動する。 【二人三脚】2人1組で、横に並び中央の脚の足首を紐で結んだままで、移動する。 【ボール運びゲーム】2人1組となり背中合わせの状態になり、その背中同士の間に1個のボールを挟んでゴール地点まで運ぶ。	・お互いの動きを見ながら人と自分も同じテンポで動きを合わせながら動かないとトイレットペーパーがすぐに切れてしまうため、他者の動きのモニター、および他者とのなかで自分の動きをモニターし調整することが求められる。 ・紐で結ばれ動きの協調性が強制的に求められる最も構造化の程度の高い設定であり、結果として他者の動きに合わせざるをえない状況をつくりだす。 ・ボールが落ちないようにするためにはその際、他者の力の入れ方をふまえて自分の押し合う力を調整したり、動きのスピードを他者と合わせながら移動している。
他者の意図推測を通して表象を調整する	【名役者は誰だゲーム】食べ物（まずいもの、刺激の強いもの、子どもに人気のあるおいしいもの）を食べて何を食べたのか当てる。 【タイツマン】グループメンバーのなかで誰か1人が全身がすっぽりと覆われる全身スーツを着る。それが誰なのかを、質問しながら当てる。 【正直ものは誰だゲーム】箱の中に入っているアイテムを2人のうちどちらかが取るが、どっちが取ったのかをあてる。	だまそうと思えば、まずくても平気な顔をしたり「おいしい」と嘘の感想を言ったり、誰かになりきって答えることが求められる。この時、推測する側には、相手の表情や発言内容、さらには「○○君はいつも反対のことばっかり言ってみんなを笑わせるから、今言っていることも嘘だろう」など、その人自身のパーソナリティをも加味しながら推測することが求められる。そのためにかかわり手は、表情への注目を促したり、発言時の語調や注意を焦点化していくなかで、見かけと心のなかのことが異なっている可能性や、「○○君、この前も〜したのに、しなかったって言ってたよね」など、今ここの事象から広げていく視点について言及していく。

（出所）　田中，2008 をもとに筆者作成。

他者の力の入れ方をふまえて自分の押し合う力を調整したり，動きのスピードを他者と合わせながら移動することなど（ボール運びゲーム），これらの活動では他者に開かれた身体性レベルでの他者意識が求められることとなる。このような活動を通じて対人志向性が促されることが示唆されており（滝吉ら，2007），相手の動きに合わせざるをえないような動きの共同性を文脈として埋め込んだ構造化が，他者意識を活性化させることが期待できるだろう。

他者の意図推測を通して表象を調整することを主眼とした活動として，嘘をつくことで勝負が決まるゲーム場面の設定を通した活動の例は，相手に誤信念を意図的にもたらすことが"だます"ことの成功の鍵となるようなゲーム場面の設定である。このようなゲームでは，いわゆる"かけひき"を楽しみながら進めていくこととなるが，その過程には，① 本当のことを伝える（ふるまう）＝だまそうという意図性がない，② 本当とは違う"嘘"を伝える（ふるまう）＝相手に誤信念をストレートにもたらそうとする意図性がある，③ 本当であるにもかかわらず嘘かのように伝え（ふるまい）それが嘘だと相手に思わせる＝相手の"うらをかく"という意図を二重に操作する，といった段階があるだろう。

相手にどんなふうに思わせたいか，そのためにどんな反応をするか，その時相手はどう思うかなど，細かく段階を追いながら，他者の意図性を認識していくためのかかわりが要求される。ここには自己の対象化や他者に映る自己をどのように認識するかがかかわってくる。これらの実践のなかで，回を重ねるうちに，「顔や言い方が嘘っぽいから嘘を言っている」と言及して相手の嘘を見破るようになったり，相手に嘘だと思わせようとして，わざと

口元を不自然に吊り上げヒクヒクさせた表情をつくるなど，上述の①から③への移行がみられるようになってきている事例もみられる。

◆ 集団心理臨床における支援B 活動例：自己理解や他者理解の具体的な内容を深めていくことが主なねらいとなる段階

自分と他者とを比較してそこに共通性や類似性を見出していきながら，グループという小集団を通して，他者との親密な関係をつくりあげ維持していくために自分のふるまいを考えるようになる。そのためのグループのねらいとして次の3つの段階が考えられる（図12-3）。① 他者への関心・志向を高める段階（支援Aのような他者性の認識を促すための支援として，身体レベルの共同性を求めた活動が必要となる段階より進んでいる）：他者への興味関心形成の段階，② 他者との類似性への焦点化を主に進める段階，③ 他者との差異性への焦点化の段階，が考えられる。また，これらの活動をするにあたっては自己開示を進めるための安心できる居場所の提供が前提となるが，これを支えるために，**メンバー全体の凝集性やグループへの帰属意識を高めること**が求められるだろう。そのために，スタッフは，その日欠席したメンバーについても必ず「今日は〇君は，高校総体の応援でお休みだって。今頃声出して応援しているのかなあ」などと言及をすることで，自分が欠席した時にもメンバーの一員としてグループ全体に自分の話題が取り上げられている感覚を促すなどのかかわりを行っている。

*

以上，障害の告知をめぐる支援，および集団心理臨床場面における支援のポイントとその実際を述べてきたが，これらの支援が

図 12-3 自己理解・他者理解を深めるための集団心理臨床

他者への関心・志向を高める
安心できる場としてグループを認識する：自分の興味や関心が取り上げられる場、「また来たい」と思える楽しさ、「ここでは話せる」「わかってもらえる」という実感

→

他者との類似性への焦点化
「似ている」という感覚をもつことで、より相手に興味関心をもつ。「悩んでいる、がんばっているのは自分だけではないんだ」という意識

→

他者との差異性への焦点化
自分と類似性のある他者にも自分と違うところがあるということに気づくことで「自分らしさ」を意識。他者からみられる自分と、自分が考える自分の違いを考える

グループの凝集性・帰属意識を高めるかかわり
・欠席者に言及し、自分が欠席した時にもメンバーにふれられている感覚を促す
・メンバー間のみの共有情報を話題にあげたり笑いを共有することで、体験の共通性を促す
・セッションの連続性に言及し、メンバー間の時間軸でのつながりを強調する
・メンバー同士の援助行動を促す

(出所) 滝吉, 2007；Tanaka & Hirosawa, 2005 をもとに筆者作成。

クライエントの自尊心を大切にするかかわりとして有効なものとなるためには、何よりかかわり手の肯定的なまなざしが絶対条件である。

引用・参考文献

Begeer S., Banerjeer R., Lunenburg P., Terwagt M. M., Stegge H., & Rieffe C. (2008) Self-presentation of children with autism spectrum disorders. *Journal of Autism and Developmental Disorsders*, 38 (6), 1187-1191.

Damon W., & Hart D.(1988) *Self-understanding in Childhood and Adolescence*, Cambridge University Press.

越智さよ子(2008)「発達障害児・者における自己認識欲求」自主シンポジウム話題提供『自己理解の視点からみた発達障害児・者の心理臨床』(企画者　田中真理),日本心理臨床学会第27回大会

中田洋二郎(2008)「子どもにとって障害を知ることの意味」『月刊実践障害児教育』2月号, 50-53.

滝吉美知香(2007)「他者とのやりとりを通して自分について考える」(未発表)

滝吉美知香(2009)「思春期・青年期の広汎性発達障害者における自己理解」平成20年度東北大学大学院教育学研究科特定研究論文(未公刊)

滝吉美知香・和田美穂・横田晋務・田中真理(2007)「グループにおける他者志向性ペア活動を通した高機能自閉性障害児のコミュニケーション行動の変化」『日本特殊教育学会第45回大会発表抄録集』

田中真理(2008)「自閉症児の"場のよみ"にはいかなるメタ認知が働いているか」『内なる目としてのメタ認知』(『現代のエスプリ』497), 142-151.

田中真理・廣澤満之・滝吉美知香・山崎透(2006)「軽度発達障害児における自己意識の発達――自己への疑問と障害告知の観点から」『東北大学大学院教育学研究科研究年報』54(2), 431-443.

Tanaka, M., & Hirosawa, M.(2005) A clinical psychological group support approach for adolescents with high-functional pervasive developmental disorders. *The Annual Report of the Graduate School of Education Tohoku University*, 53, 253-279.

内山登紀夫・水野薫・吉田友子(2002)『高機能自閉症・アスペ

ルガー症候群入門――正しい理解と対応のために』中央法規出版

和田美穂（2006）「グループワークにおけるある高機能自閉性障害児の対人的行動の変容」東北大学大学院教育学研究科修士論文（未公刊）

事項索引

アルファベット

ADHD（注意欠陥多動性障害）　17, 36
ASD　→自閉症スペクトラム障害
CARS（小児自閉症評定尺度）　14
CHAT　31, 32
DSM（精神障害の診断と統計の手引き）　7
DSM-IV-TR　7, 12, 14, 15, 39
ICD-10（国際疾病分類第10版）　21
IQ　→知能指数
LD（学習障害）　17, 18, 36
PARS（広汎性発達障害日本自閉症協会評定尺度）　14
WISC-III　67
WSCT　→ウィスコンシンカード分類テスト

あ行

アイコンタクト　101
アスペルガー障害　12, 14, 15, 44, 238
　　──の診断基準　12
アスペルガー症候群　7, 12, 14
アセスメント　121
遊　び　35
安心感　128, 224, 225
安全基地　225
育児環境　18
いじめ　39, 158, 170
　　──の4層構造　171-173
異常な視聴覚行動　30
異性への関心　45

一番病　138
一卵性双生児　19
遺伝的な要因　19
糸島プロジェクト　32
ウィスコンシンカード分類テスト（WSCT）　64, 65
うつ的症状　48, 50
運動の異常　30
えこひいき　185
エコラリア　8
エナクティブ・マインド　71

か行

概念的自己　93
カウンセリング　239
加害者　170
学習障害　→LD
学習上のつまずき　156
学生相談室（センター）　48, 49
確定診断　36
過小評価　205, 206, 210
過大評価　205-207
偏　り　27
学級集団　141, 171
　　──の分析　177
学級集団づくり　141, 156, 170-172, 188
　　小学校低学年・中学年での──　159
学級担任　198
学級分析　178, 179
学　校　120
家庭での支援　220
家庭内暴力　43
カナータイプ　30

カミングアウト　40, 41
眼窩回　101
感覚過敏　29, 34, 61, 73-76, 127, 162
感覚や認知の特性　37
環　境　94, 154, 246
感情語　86
感情理解　85, 87
間接的指導　173
管理職　152
ギャンググループ　157, 170
嗅覚過敏　74
9, 10歳の節　156, 158
教育委員会　152
教育課程　192, 194
　　普通科高校の――　200
共感的自己肯定感　137, 139, 141
共感能力　87-89, 91, 96
教具（教材）　154
教　師　149, 150
　　――の自己効力感　150
競争的自己肯定感　137, 139, 141
共同体モデル　144
共同注意　8, 30-32, 57, 58, 61
極端男性脳　87
筋強度　30
筋緊張　30
勤勉性―劣等感　160
クライエント　239
言語発達　31
現実自己　109, 110
高機能自閉症　4, 10, 12, 14, 36
高次認知機能　19
高等学校　192
　　――の学科　194
校内委員会　37, 198
広汎性発達障害　7, 14, 15, 44, 251
広汎性発達障害日本自閉症協会評定尺
　　度　→ PARS

告知の前提条件　243
心の理論　31, 54, 55, 135, 158
「心の理論」障害仮説　55
誤信念課題　55, 57, 71, 101
こだわり（固執傾向）　10, 12, 33, 224
孤独感　135, 159
ことばの遅れ　27, 34
個別指導　132, 134, 136, 137
個別の教育支援計画　37, 195
個別の指導計画　37, 195
コミュニケーション　31
　　――の(質的な)障害　8, 11, 79
　　対人的――　30
　　非言語的――　82
「今後の特別支援教育の在り方につい
　　て（最終報告）」　17
コンサルタント　149
コンサルティ　149
コンサルテーション　149, 150, 152
コントロール（感情の）　166, 174

さ　行

罪悪感　94
三項関係　30
支援者　115
支援体制　123
視覚的な自己認知　96
視覚的な手がかり　127
時間的拡大自己　93
自己意識的情動　95, 96
自己イメージ　41, 43
自己概念　107
自己鏡映像の認知　95, 96
自己権利擁護力　218
自己肯定感　107
自己効力感　150
自己認識　174

事項索引　263

——の発達　246
　　——欲求　241
自己認知　108, 110
自己の発達　92-94, 96
自己否定感　213
自己評価　107
自己理解　92, 158, 240, 248, 251, 253
　　——の発達　246
　　障害の——　41
自己理解科目　218
自殺　43
思春期　43, 45, 135, 240
自傷行為　43
システム化能力　87-89, 91, 96
自尊感情　107
自尊心　99, 106
　　——の尺度　111
　　——の測定　112
　　——の定義　106
自他関係　158
実行機能　64
　　——の障害　65
　　——の特徴　66
叱責　98, 128
実態把握　37
失敗（経験）　109, 110, 114, 115, 129
質問紙　112
私的自己　93
児童期　13, 63, 239
思春期　239
自閉症（自閉性障害）　5-7, 15
　　——の原因　18
　　——の診断基準　12
　　——の3つの特徴　8, 79, 101
　　——の有病率　18, 20, 21
　　早期乳児——　6
　　知的に遅れのない——　10
自閉症スペクトラム障害（ASD）

　　14, 15
自閉症精神病質　6
社会性　174
　　——における困難さ　101
社会的交渉の困難　30
社会的行動　108
就職　49
集団　171
　　——行動　35
　　——指導　135-137
　　——づくり　132, 146, 148, 149, 156
　　——での心理臨床活動　253
就労　132, 216, 226
巡回相談　150
障害告知　41, 110, 116, 241, 243
障害児学童保育　188
障害受容　116, 158
情緒障害　42, 43
情動の歪み　30
小児自閉症評定尺度　→ CARS
少年非行　44
小脳　19
職業選択　49
職場　50, 193, 226
　　——体験　203-205, 217
女性型脳　87
自立　194
　　——活動　37, 173
進学　44, 193, 194
シングルフォーカス　162, 166, 176, 180, 225, 227
心身症　43
新生児期　26
身体レベルの共同性　255, 258
診断基準　6, 7, 10
診断名告知　248
信頼感　174, 175

心理検査　127
心理専門職　149, 150
心理療法　240
進路選択　44, 47, 192, 195
スクールカウンセラー　149, 199
スケジュール　127
スペクトラム　16
成功経験　108, 109, 129, 192, 195
性　差　21, 89
成人期　48
精神障害　48
精神的自立　157, 158
生態学的自己　92
青年期　48, 117, 132, 240, 241
全体的統合　67
「弱い――」仮説　67-69
前頭前野　19
専門学科　201
専門教科　202
早期スクリーニング　31, 32
早期乳児自閉症　6
総合学科　203
想像力　79
相談できる力　226, 229
相談場所の確保　249, 250

た　行

体育科の教師　198
大　学　48
代償方略　85-87
対人関係性障害　29
対人関係の困難　63
対人関係やこだわり等　37, 39
対人的コミュニケーション　30
対人的自己　93
対人的相互反応の質的障害　8, 10, 12
第二次性徴　43

代　弁　160, 161, 165, 180, 181, 186
　良心的――　166
ダウン症　7
他者性の意識化　254
他者とつながる経験　144
他者理解　253
　――の発達　246
達成感　133, 134, 220
達成経験　114, 129
多　動　33
男性型脳　87
知覚の運動理論　79
知的障害　17
知的に遅れのない自閉症　10
知能検査　67
知能指数（IQ）　10, 13
注意共有メカニズム　57
注意欠陥多動性障害　→ ADHD
中枢神経系の機能不全　18
聴覚過敏　74, 134, 145-147
聴覚障害児教育　156
直感的理解（直感的にわかる力）
　71, 135, 158
通級指導教室　134, 135, 240
通常学級　36, 37, 133, 141, 156
　――における集団指導　135
「通常の学級に在籍する特別な教育的
　支援を必要とする児童生徒に関す
　る全国実態調査」　36
積み木構成課題　67
定型発達　8
てんかん発作　19
統合失調症的症状　50
特殊教育　37
特定不能の広汎性発達障害　15
特別活動　200, 201, 217
特別支援学級　36
特別支援学校　36

特別支援学校学習指導要領　37
特別支援教育　37
特別支援教育コーディネーター　37, 198
『どんぐりの家』　186

な行

内受容感覚　92
仲間関係　136, 159, 172
仲間集団　141, 157, 170
二次障害　42-44, 99, 132, 159
　　──の予防　133
二次信念課題　62, 63
乳児（期）　26, 27, 29, 30, 57, 92, 93, 96
二卵性双生児　19
人間関係の形成　37
認知（能力）　54, 113
　　──の障害　64
認知特性　127
脳波異常　19

は行

恥ずかしさ　94
発達障害者支援法　217
発達障害早期総合支援モデル事業　32
発達段階　26
発達の節　148, 156
話しことば　12, 13, 58
　　──の獲得　79
パニック　34, 138, 147, 175
ハノイの塔課題　64, 65
犯罪　45
反復的で常同的な様式　9, 11
ピアカウンセリング　249
ピアグループ　188
被援助志向性　150
被害者　170
引きこもり　43
非言語的コミュニケーション　82
非行　44, 45
評価　109
表情　82, 101
表情理解　83-85
　　──課題　83
　　──の困難　83
ファンタジーへの没頭　166, 176
部活動　199-202
不器用さ　126
不信感　212
不登校　41-43
プランニング　64, 65
ふり遊び　79
ペアレントトレーニング　232
米国障害者法　217
偏食　33, 76
扁桃体　19, 101
保育園　35, 159
保護者　27, 36, 114, 115, 122, 129, 215
　　──との連携　121
補助具　126
ほめること　133

ま行

味覚過敏　73
身ぶり　79
面接法　112
模倣　79
問題行動　132
文部科学省　17, 32, 36, 39

や行

薬物療法　240
ユニバーサルデザイン　154

指さし　32, 58
養育態度　18
養護教諭　198
幼児（期）　12, 13, 33, 79, 96
幼稚園　159
抑うつ的症状　43

ら　行

ライフサイクル　132, 221

理想自己　109, 110
リハビリテーション法　217
ルージュテスト　95
ルール　127, 184, 185
劣等感　160
恋愛感情　45, 47

人名索引

ア 行

青島朋子　111
赤木和重　55
アスペルガー（H. Asperger）　6, 7
アドリエン（J. L. Adrien）　29
ウィークス（S. J. Weeks）　83
ウィング（L. Wing）　6, 14, 27
内野智之　192
内山登紀夫　243
エリクソン（E. H. Erikson）　160
太田昌孝　65
オゾノフ（S. Ozonoff）　83

カ 行

カナー（L. Kanner）　6
栗田広　15

サ 行

佐藤克敏　48
ジェームズ（W. James）　108
白石正久　15

タ 行

高垣忠一郎　137
高橋智　74, 192
滝吉美知香　251
田中真理　239
田村修一　150
デイモン（W. Damon）　251
徳永豊　48

ナ 行

ナイサー（U. Neisser）　92, 93
ニキリンコ　74
野村香代　71, 72

ハ 行

ハッペ（F. G. Happe）　62
ハート（D. Hart）　251
浜谷直人　150
バロン＝コーエン（S. Baron-Cohen）
　　31, 57, 58, 61, 87, 89
プレマック（D. Premack）　54
別府哲　60, 71, 72, 151
ホブソン（R. P. Hobson）　82-84

マ 行

増渕美穂　74
メイス（R. Mace）　154

ヤ 行

山本真理子　111
湯浅恭正　143, 144

ラ 行

リゾラッティ（G. Rizzolatti）　79
ルイス（M. Lewis）　95
レスリー（A. Leslie）　79
ローゼンバーグ（M. Rosenberg）
　　111

●編者紹介

別府　哲（べっぷ　さとし）　岐阜大学教育学部教授

小島　道生（こじま　みちお）　岐阜大学教育学部准教授

「自尊心」を大切にした高機能自閉症の理解と支援
*Understanding High-functioning Autism :
Enhancing Self-esteem*　〈有斐閣選書〉

2010年6月25日　初版第1刷発行

編　者	別　府　　　哲
	小　島　道　生
発行者	江　草　貞　治
発行所	東京都千代田区神田神保町2-17 株式会社　有　斐　閣

電話　(03)3264-1315〔編集〕
　　　(03)3265-6811〔営業〕
郵便番号　101-0051
http://www.yuhikaku.co.jp/

印刷・萩原印刷株式会社／製本・大口製本印刷株式会社
Ⓒ 2010, S. Beppu, M. Kojima. Printed in Japan
落丁・乱丁本はお取替えいたします。
★定価はカバーに表示してあります

ISBN 978-4-641-28119-6

JCOPY　本書の無断複写(コピー)は、著作権法上での例外を除き、禁じられています。複写される場合は、そのつど事前に、(社)出版者著作権管理機構(電話03-3513-6969, FAX03-3513-6979, e-mail：info@jcopy.or.jp)の許諾を得てください。